小農復耕

好食材，好生態，好市集，好旅行

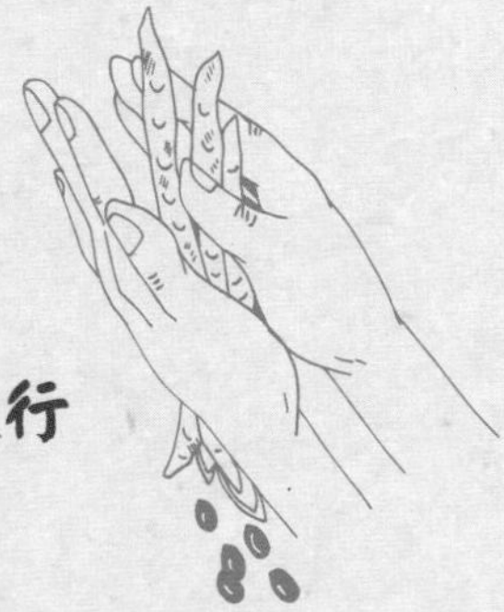

浩然基金會作者群——著

推薦序

第一章

推薦序之一

小農復耕——協力重生，共造有韌性的社區

文／黃淑德　台灣主婦聯盟生活消費合作社 理事

二〇〇九年莫拉克風災的山海毀村後，浩然基金會與台灣農村陣線攜手，四年來培力部落與社區的復耕，並透過彎腰市集將友善耕作小農及產品介紹給都市消費者。這是完全由民間發起的計畫，集結五個社區的「農業復興」的故事，每個社區的故事都有發動者、關鍵夥伴及重新找回中斷多年的農作物的連結。希望惜農愛土的朋友能安排小旅行，親近這些生命力旺盛的農友和他們的家園。

相對於政府重建計畫或大企業主導的資本農場模式的好大喜功，這五個計畫卻都是「小小規模」，不但尊重在地農友的關係串連，引介與其他地區農友的經驗交流，協力團隊以鼓勵、陪伴的方式，扶持重建與重生的信心，斷除施用化學藥劑，建立友善環境農耕的自信。

台東歷坵部落的小米復耕與杜爸爸的十七種小米的種子保存，成為傳承部落文化的新力量。「桃源香梅」是勤和部落的媽媽們自創的地方品牌，透過旗美社區大學與農陣向其他梅子生產者學習的技術與經營，展現社區婦女的創業精神。

雲林「水賊林友善土地組合」是都市返農者的半農半X的生計實踐，摸索著技術與在地通路的CSA（社區支持型農業）之路。北港溝皂里的故事始於對抗工業污染的自救，組織了新農、老農成立「古早田小農之家」，展開多樣的世代傳承、學校的食農教育及恢復豆稻輪作，未來希望能恢復榨本土花生油的自足夢想。美濃的故事，則是由第四代接手百年麻油坊而起的「把芝麻重新種回來」的豪氣

行動。

台灣經歷了二戰後的農業政策增產，引入了化肥、農藥及產量效率的思維，五十年後我們糧食自給率 32%，而榨油種子自給率僅 3.3%。這五個社區的農業轉型的努力，由摸索生計與在地農糧問題、填補經驗斷層、克服從耕作／採收／加工／流通的種種困難，皆透過參與小農無數次工作會議的討論、共識到執行，包括公田種植、公基金管理，都展現了自主管理的合作社精神。

為了集結公民參與「綠色消費」行動，主婦聯盟發起「共同購買運動」已走過二十年，這幾年探索著如何與部落發展國內的公平貿易（或社區貿易），從桃源香梅、梅精，到茶山部落的小米，我們很樂意成為原鄉復耕及本土雜糧的消費支持。

這幾個小故事，雖無法改變當前政府的「GDP 思維」——把經濟發展當成創造人民幸福的唯一方法；但青壯年選擇從都市移居農村，加入友善耕作小農社群已蔚成新風潮。

浩然基金會近年從「反思全球化」到推廣「另一種世界是可能的」，與台灣農村陣線的青年協力透過反思、創造、實踐開創出「公民社造」的新典範，都值得我們關注。二〇一四年是聯合國訂定的「國際家庭農業年」，本書的出版格外有意義，讓台灣的「小」因新農、老農及消費者的互助相惜，重新找回務農與護土的生存尊嚴。

推薦序之二

農村的未來，就在你我的菜籃和餐桌上

文／番紅花　作家

飲食不只是我們個人吃吃喝喝的消費行為而已，飲食是經由農村與農民所共同演繹出的歷史風貌，從而形塑出人們的庶常生活。《小農復耕》讓我們了解到，台灣農村的未來與出路，就在你我每天的菜籃和餐桌上。

推薦序之三

農藝復興——來自小農的草根革命

文／郭華仁　台灣大學農藝學系教授

近代農業歷經「綠色革命」與「基因革命」之後，目前則是「草根革命」方興未艾的時期。草根革命的範疇包括有機、自然、生態農業的生產體系，食物碳足跡、農民市集、社群（社區）支持型農業、公平貿易的銷售體系，以及地產地消、慢食運動、綠食育等飲食體系；其理論乃是揚棄「化約論」，轉以「機體論」、「整體論」的科學哲學觀為基礎；其目標在於把農業產銷以及飲食的自主權重新奪回；而其作法乃是基於健康、生態、公平、謹慎的原則，說服專家學者攜手來完成使命，創造出和諧永續的社會。

草根革命在我國約萌芽於一九八〇年代，包括有機農業的推動以及消費者團體如新環境主婦聯盟等的出現；而在二〇〇九年八八風災後，公益基金會與民間團體合作，進行農業的復興運動。其中浩然基金會與台灣農村陣線的合作可說是相當突出：其工作涵蓋草根革命的三項範疇，對象不分族群但以小農為限，而視野則由在地拉高到國際。這本書就是記載這番合作主要的成果，在聯合國宣布二〇一四年為「國際家庭農業年」之際適時出版。

就在地而言，國內各界特別是年輕學子近來興起關懷農業的風潮，於此，這本書的出現也很適時。書中一開始就簡單明瞭地解釋重要的概念，包括糧食自給率、糧食主權、復耕、休耕、農業GDP、各種農法、藏種於農、地產地消、小農等。重頭戲當然是介紹台東的歷坵、高雄的桃源與美濃、以及雲林的水賊林與溝皀等五個工作基地。每個地方不但敘述工作的內容，也寫活了參與的在地人物與傳統知識，更近一步以鄉村旅遊的角度說明當地的交通以及風味餐點，讓讀者心嚮往之。

農業草根革命除了農村的生產外，還包括農產品的銷售與消費者的教育；這兩方面合作單位推出了「彎腰市集」來達成。對此第四章有詳細的描述。但我覺得最後的章節「小農復耕實戰手冊」是全書的靈魂。合作單位不藏私地透露近年來的工作經驗，包括如何組成與經營團隊、如何連接社群、發展品牌與多元產銷等項目，讓想參與小農復興運動者能夠吸取經驗，更上一層樓。

個人有幸能夠參與合作單位「藏種於農」的工作，感念團隊無私的奉獻，因此不揣鄙陋，禿筆為文推薦。

推薦序之四

在地經濟、環境永續的動人實踐

文／黃國昌　中央研究院法律學研究所副研究員

在自由貿易的浪潮早已席捲全球之際，聯合國卻宣布二〇一四年為「國際家庭農業年」（International Year of Family Farming），倡議小規模家庭農業生產的重要性，顛覆了既往透過集中大量生產以追求效率利潤的想像。

當台灣的糧食自給率已下降至不及三分之一的低點，而休耕農地卻高達二十餘萬公頃的今日，以「小農耕作、綠色消費」為主軸的本書，詳盡解說了台灣農業發展面臨的困境與合理的出路。在《小農復耕》一書中，讀者將發現「小農復耕」不僅是「在地經濟」、「環境永續」等概念的清楚闡述，更是一篇篇具體實踐這些理念的動人故事。

第一章

小農耕作，綠色消費

12個關鍵字，一次看懂台灣農業！

小農耕作、綠色消費，共創美好未來[1]

文／蔡培慧　世新大會社會發展研究所助理教授
　　周馥儀　台灣大學歷史系博士候選人

二〇一四年立春過後，凍雨連綿，北半球處於罕見的急凍風暴，各地接續傳出農作物凍害，《明天過後》電影情節在現實生活上演。在全球氣候變遷影響下，極端氣候導致農作歉收、減產，農民往往是最大受害者。

然而，我們也在找尋解決之道中，逐漸摸索出「農」與自然環境互惠共生的生產循環——可以是應對極端氣候的生活態度，借鏡小農耕作的農耕文明，思當代的路徑與方法。這幾年台灣亦在一波波農民運動中，逐步打開以農為主體的自主空間，實現「小農復耕、綠色消費」為城鄉連結的新生活實踐。

幾年前，莫拉克颱風重創台灣，已預示我們必須正視極端氣候。當時，帶來前所未有的雨量，造成一個又一個人間悲劇，暴雨、土石流、淹水……告訴我們一個無可迴避的困局「極端氣候的年代」已經來臨。

我們必須瞭解，我們的日常生活正是建立在助長極端氣候的經濟體制上，長期不加節制的生產擴張改變了地球環境氣候的運作基礎。

一方面，我們追求方便、便宜的消費，無形中依賴連鎖商店與大型超市，支持現在高度消費的生產方式；一方面，我們為了換取市場消費所需的貨幣，不得不進入一個又一個競爭且單調的職位。這樣的經濟體制是壟斷資本主義的單一世界體系，強調市場經濟、主張自由貿易、競逐財團利益；這套經濟體系為資本積累而生，隨著物質生產力的進步，它狂噬所有地球資源，永不滿足的擴大全球市場，在快要達到高峰時，卻也曝露近乎無法逆轉的內爆危機。這些危機，首先表現在環境破壞，現正以「極端氣候」為面貌，在無法預料的時刻，衝擊我們的日常生活。

台灣總以「名列亞洲四小龍」為傲，如今卻在資本主義全球化擴張下，承受長期發展主義的苦果：貧富差距擴大、糧食自給率低落、鄉村社會文化瀕臨解組。

台灣放棄糧食自主、開放農業市場、要求農民離農休耕，埋下進口糧食依賴與農村凋敝的惡果。加之以農業自由貿易化下，強者越強、弱者越被蠶食鯨吞，台灣農民面臨的競爭者變成更多來自國際的農產品，往往因為他國政府對國內農產品的補貼，使得進口到台灣的糧價，相對於國內農產品更低廉。

而台灣人逐漸西化的飲食習慣，肉類與其它非本土農產品的需求日益提高，比如小麥與洋菇，農村和城市在食物層面的連結因此斷了一大塊。然而，政府認知現今農業問題來源，卻是「小農缺乏競

❶ 本文改寫自下列兩文：①蔡培慧，〈緩步前行：小農耕作綠色消費的產業重建模式〉二〇一〇年十一月十二日發表於師範大學主辦「一年過後：原住民族災後重建與永續發展國際學術研討會」；②蔡培慧，〈勞動的春耕——關於台灣的農事變遷〉本文刊載於香港社區伙伴（PCD）之二〇一四年出版專書《落地生根，社區支持農業》。

爭力」，鼓勵規模經濟，比如發展蘭花與有機蔬菜等需投入大筆資本的規模農企業。

小農耕作：生產、生態、文化的價值

在這些艱困局面下，台灣小農卻未曾消失，與農企業並存，形成當今台灣農業雙軌制的產銷結構。雖然「發展規模經濟」成為政府政策的主要方向，近年，台灣仍有許多具理念的小農生產者，連結有意識的城市消費者，創造「在地經濟」體系，以地區產業，重構交換體系、就業網絡、初級產業的政治、經濟結構，將「農業生產」與「食物消費」重新鑲嵌在社會文化脈絡中，突圍自由貿易下世界市場的遠端供應貿易模式。

小農耕作有別於規模經濟，呈現「以家戶為單位」、「小規模的社會協作」、「因需要而生產」的三大特點，這也激發我們尋索「小農耕作、綠色消費」的生產循環之路：

- **以家戶為單位：**家戶通常是血親連帶組成、作為經濟生活（生產與分配）的基礎，如何開展出某種因認同與自我選擇而

台灣農業大事記

- 一九八○年代之前，台灣因土地改革而建立起刻苦的小農生產機制、在獎勵加工出口下建立的中小企業，使我們取得了「國民生產總值快速增長」、「國民所得分配相對平均」的雙重成就。然而，一九八○年代後期台灣開放市場至今，新自由主義擴張造成的農業貿易自由化，使得這雙重成就難以維繫。
- 台灣因受制美國貿易逆差，開放大宗物資（玉米、黃豆、小麥等雜糧）進口。一九八○年代對美國開放農產品市場，導致九○年代後期台灣為了加入世界貿易組織（WTO），政府進行農業結構調整，台灣農業生產由「市場導向的競爭農業」取代「計畫導向的生存農業」；農業資源如：土地、水資源，被大規模、大範圍地移撥為工商用途，致使農業用水不足而休耕。
- 甚而，政府為使台灣加入WTO而進行農業結構轉型，要求小型農戶離農離牧。一九九五年台灣農業政策白皮書，

來的家戶型態是需努力的焦點，但在台灣歷史經驗中，性別與年齡階序的限制無所不在，我們也必須經常地檢視作用於傳統家庭關係，並且映射為社會慣習的父權體制所形成的張力，以及其對應之道；

- **小規模的社會協作**：家戶生產受制於勞動力與家庭生命周期，農耕尺度自然有所限制，同時也無法獨立面對家庭以上的社區（社群）的公共性事務，諸如水利、運銷以及社會文化慣習的要求與禮俗，卻因而相應發展出多元活潑的協作模式；
- **因需要而生產**：此一供需的邏輯絕不可忽略，它所引導的生產方式與生產規模，必然相異於以追求利潤為動力的生產擴張，比較有機會在有限資源與理解自我需求的前提下，建立起生產循環的模式。

小農耕作，無法自外於當代的政治經濟結構，其存在也必須重新肯認農民農業農村的社會政治文化價值。

台灣擁有農會、農田水利會、農改場等半公共化的農事服

明文表示放棄糧食自主，糧食生產由「自給自足」改為「進口依賴」，以犧牲農業發展換取工業發展與國際參與的空間；過去台灣的農業計畫生產體制，改為仰賴國際農貿體制的自由貿易。

- 此一政策造成台灣的民生物資價格與國際連動，自二〇〇八年起每一次國際農糧價格的波動，都直接的造成台灣民生物價上漲。根據官方統計，相較於二〇〇五年，台灣二〇一二年五月的民生物價在沙拉油（黃豆製油品）漲了一點六倍，麵粉麵包（小麥製品）漲了一點四倍，肉類雞蛋等仰賴玉米飼料的產品漲了一點三五倍，這是過去三十年來不曾出現的漲幅。
- 而農業人口老化，加上為平息休耕的爭議，政府自一九九七年開始發給休耕補貼，因而部份老農放棄耕作，轉而領取補貼。政府如此壓抑農業生產、漠視國民消費的結構調整政策，使台灣一步步走向糧食自給率創下歷史新低30.6%、二十二萬公頃（佔可耕地面積近40%）良田休耕、部份農村荒蕪的困境。

務體系，未必能確保小農體制的存續，而從一九八〇年代中後期至今，台灣的農業貿易自由化腳步、總體資源朝著農業規模化／市場化移動、外部資本趨利而競逐農業生產與食品加工，更造成台灣的小農耕作體制岌岌可危。此外，發展主義以來的強勢與單一線性發展觀、獨尊 GDP 增長的經濟思維，作用於教育體制、傳播媒體、乃至於家庭世代傳承的價值選擇，都使得農民農村農業被簡化，被主流觀點視為傳統落後、沒有競爭力的社會殘餘。

因此，小農耕作，也必須與主流經濟意識型態對話，證明小農生產的生產模式在最窄化的經濟思維中深具意義，而且不能僅停留在經濟範疇，更要擴展農意識——重新肯認農民農業農村的社會政治文化價值。

創造以「小農」為主體的在地經濟

二〇〇九年莫拉克風災後，在浩然基金會的支持下，得以向身處莫拉克受災區域的友朋，探問以「小農耕作、綠色消費」作為社區性的災後重建方案的可能性。經過多次、多方的探詢與交流，分別與高雄桃源區高中村、勤和村的農家，以及台東縣金峰鄉歷坵部落的農家，建立起協力推動的默契。

這項計畫名為「小農復耕」，標舉「小農耕作、綠色消費」精神，透過初級產業的生產、加工、消費與交換，發展區域性多元的經濟行為，以協助地區社群的發展，同時重建人與土地的關係。過程中，抱持著「一起來吧、那就試試看吧」的態度與小農建立伙伴情誼，具體展開以下工作：

一，藉由公田，學習友善土地的農耕行為；
二，開拓多元加工、自主品牌，以創造地區勞動與附加價值，讓農產品有更多合理的價值留在農村；
三，與消費者直接連結、建立在地經濟；
四，開展外部資源共同管理的計畫模式，在討論、執行過程中，形成自我組織的動能；
五，試圖在不同層次的共同勞動中，真實碰撞出社群合作在地經濟的可能。

「小農復耕」努力落實「小農耕作、綠色消費」，讓每一項農產品從耕作方式的選擇、加工與否、如何加工、建立品牌以及通路的認識，都回到社區農民本身，以累積經驗，豐富在地農民的社會網絡。

「小農耕作、綠色消費」創造以小農為主體的在地經濟，將個別生產的小農進行再連結，並與消費者形成合作經濟體系，不僅改變田間勞動與生產面，同時也是意識型態之戰，意味著健康的食物、豐富的文化肌理、綿密的社會網絡，以及涵養這一切的環境空間。

縱然橫亙在眼前的結構如此強固，一波又一波有志於農村工作者，從支農、援農甚至是從農的角色，面向歷史、面向農村，試圖在資本主義已竭澤而漁的荒蕪焦土上，重新耕耘一片新天地，傳承老農邊做邊學的智慧，適地適種、照顧土地，連結綠色消費，開創任何互惠協作的可能，甚而主動介入體制政策，見縫插針地鬆動結構，扭轉城市偏向的當代社會關係。

小農耕作是經，社會需求為緯，「小農耕作、綠色消費」正在創造可循環社會生產交換的新模式！

12個關鍵字，一次看懂台灣農業！

文／李威寰　陳芬瑜　蔡培慧

1 糧食自給率

關於台灣農業，你首先要知道的是「糧食安全」和「糧食自給率」的意義。

根據一九九六年在羅馬舉行的世界糧食高峰會（World Food Summit）定義，「糧食安全（Food Security）指的是：任何人在任何時候，均能實質且有效的獲得充分、安全及營養之糧食，以迎合其飲食習慣及糧食偏好的健康生活。」

糧食安全之所以如此重要，主要是因為其背後亦涉及到許多政治、經濟、環境方面等諸多因素。而「糧食自給率」則是一個國家或是地區糧食安全的第一個需要考量的指標。

糧食自給率以熱量計算的話，台灣在二〇一二年的糧食自給率是 32.7%，這個數字意味著台灣人平均攝取的熱量

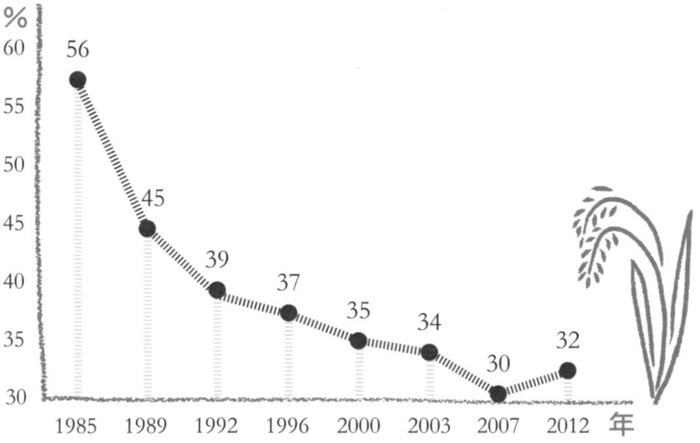

1985-2012 台灣糧食自給率占比曲線

資料來源：蔡培慧（2009）、行政院農委會農業統計資料查詢

中，只有 32.7% 是生產於國內，另外 67.3% 的熱量是從國外進口的。

其中稻米的自給率最高，約為九成，而雜糧 98% 以上多是進口，其中又以「黃小玉」，即黃豆、小麥、玉米，列為台灣農產品依賴進口的前三名。「黃小玉」是國際農糧貿易要角，台灣從美援時期即開始大量進口，麵食逐漸改變了傳統的米食習慣，同時家畜飼養也高度依賴這些進口雜糧做飼料；進口雜糧更取代了本地的雜糧生產能力。

近年因極端氣候多次導致國際糧食歉收，加上生質能源的發展、期貨市場的人為炒作等因素，造成黃小玉價格的持續上揚，更凸顯出台灣黃小玉高度進口依賴、雜糧自給率過低的風險與挑戰。

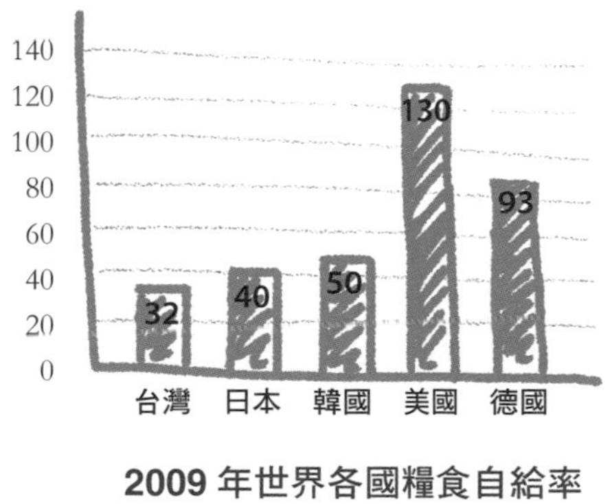

2009 年世界各國糧食自給率

資料來源：日本農林水產省食料自給率資料室

2 休耕 vs 復耕

根據統計，台灣目前休耕地高達二十多萬公頃，占實際耕作農地約四分之一。台灣休耕政策的源頭，可回溯到一九八〇年代鼓勵農民轉作的政策。台灣農產一直以稻米為主要作物，但是從一九八三年開始，政府開始鼓勵農民轉作其他經濟作物，減少稻米產量。進入九〇年代後期，農業的轉作計畫進一步成為休耕政策，直接對休耕的稻田補貼。

休耕政策之所以實施，主因是在國際貿易的談判桌上，台灣對自由貿易夥伴作出讓步。

台美首先於一九八四年簽訂了「中美食米協定」，限制台灣外銷美國的稻米數量。稻米不能外銷，自己又吃不掉，為了不讓稻米「爆倉」，只好鼓勵稻農轉作。九〇年代為了加入「關稅暨貿易總協定」(GATT)以及後來的「世界貿易組織」(WTO)，台灣又被迫進一步開放農產品市場；為了因應農產壓力，政府正式於一九九七年補貼稻田休耕。

休耕政策，對台灣農業帶來非常重大的影響：

- 休耕田通常疏於管理，易生蟲害，造成鄰近非休耕田的生產成本提高
- 稻田種作面積減少，育苗場、碾米廠、農機具保養等上下游產業也逐漸減少
- 農村工作機會減少、人口流失
- 年輕人想回鄉種田，面臨地主寧可領取休耕補助、不願出租土地的窘境

政府每年需撥出大筆經費補助休耕，加以台灣高度依賴雜糧進口，近年民間積極呼籲政府推動「休耕地活化利用」。自二〇一三年開始，政府調整休耕政策，以往每年可補助兩期休耕，變成每年

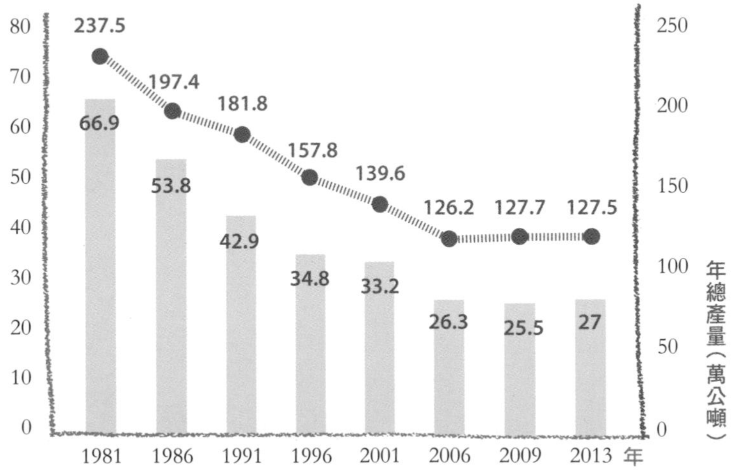

台灣稻米減產趨勢

資料來源：蔡培慧（2009）、行政院農委會農糧署農糧統計

須種作一期，才有一期補貼，希望可以漸次活化耕地；同時鼓勵農民轉作雜糧或高經濟作物，或將農地轉租給有意願務農的新農，以期提高糧食自給率，活化地方經濟。

台灣糧食政策大事記（1984-2013）

年份	重要稻米政策
1984	●簽訂「中（台）美食米外銷五年協定」，外銷米數量、地區均受限制 ●行政院核定「雜糧進口捐助收繳及運用實施要點」、「國產雜糧收購與承銷實施要點」及「食糧撥作飼料處理要點」●推行第一期稻米生產及稻田轉作六年計畫（1984-1990）●行政院農業發展委員會與經濟部農業局合併，改組為行政院農業委員會，糧政業務由農委會辦理 ●本年1月政府庫存糧量突破糙米量150萬公噸大關，約合稻穀190萬公噸，造成倉容嚴重不足、資金積壓、虧損等
1985	●行政院撥售食米輔導加工成品外銷要點（自1986年開始撥售）●稻田轉作實物（稻穀）補貼至1988年度止，1989年7月起改發代金
1987	●行政院核定廢止「廢耕農地限期復耕實施要點」●停徵田賦
1988	●開放大宗穀物（小麥除外）自由進口 ●公賣局釀酒用料圓糯米，採契約栽培收購方式辦理（糧食局）
1990	●推行第二期稻米生產及稻田轉作六年計畫（1990-1997）
1991	● 1991-1997年推行農業綜合調整方案
1992	● 1992-1997年全面降低農業產銷成本計畫
1993	● 1997-2000年實施水旱田利用調整計畫
1994	● GATT農業之因應對策 ●第一期作中南部38,096公頃，因缺水停灌休耕
1995	●農委會標售公糧，標出78,132公噸，以穩定糧價 ●推行農地釋出方案
1998	●2月台美完成台灣WTO入會農業諮商，稻米進口採日本模式
2000	●修正《農發條例》，廢除農地農有，開放買賣
2001	●實施水旱田利用調整後續計畫
2002	●1月1日台灣正式加入WTO ●開放稻米進口14,472公噸
2003	●稻米進口改採「關稅配額」方式
2008	●提出「稻田多元化利用方案草案」，除休耕直接給付外，並有翻耕、種植綠肥之直接給付及輪作獎勵
2013	●實施「休耕地活化政策」，將休耕補助從兩期改為一期，並調整小地主大佃農、種植獎勵金，預期活化4.5萬公頃農地

資料來源：蔡培慧（2009）、行政農糧署重大政策

3 糧食主權

糧食主權（Food Sovereignty）是「農民之路」（La Via Campesina）在一九九六年率先提出的概念，其核心概念是「自主」，也就是生產者及其消費者的「主體性」。

「糧食主權」主張全世界的食物生產、流通和分配，必須以生態、文化多樣性為前提，生產者和消費者是糧食體系的主人，有權力決定生產的品項與生產的方式，意即自己決定要種什麼、怎麼種、吃什麼。

此外，生產者有權力掌握生產資源，包括土地、水資源、種子、知識及公共服務等，以維持生產的自主、平等與多樣化。因此，反對大企業大公司的壟斷，以地方化的型態為主要經營規模是「糧食主

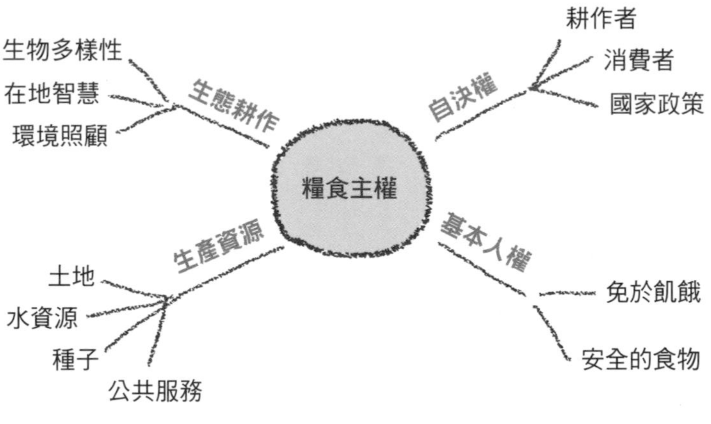

「農民之路」主張的「糧食主權」包含基本人權、自決權、合理的持有生產資源、多樣化的生態權利：

- 基本人權：人有免於飢餓的自由，免於飢餓是尊嚴的基礎。
- 自決權：意味著確保每個人都能得到適宜且健康的食物，耕作者及其族群、國家，有權自行決定食物的生產體系和政策。
- 合理的持有生產資源：確保農民取得土地、水資源、種子的基本權利。
- 多樣化的生態農耕：肯定不同區域、立基於在地的耕種方法，更能適應能源危機與氣候變遷，也有助於改善全球的環境危機。

權」的重要關鍵。

台灣近年來各方推動的雜糧復耕、綠色消費、友善農耕、公平貿易、對新自由主義等農糧體制的批判，也正呼應了糧食主權的根本原則。

在日常生活中，多吃本地的食材、認識並支持友善環境的小農，我們的每一個小行動，都是城鄉共好、守護在地糧食安全的實踐。

4 農業 GDP

根據《台灣經濟研究月刊》第三十六卷第三期的研究指出，台灣現代農業已由原來的一級產業，擴展為兼顧生產、生活、生態的三生農業，包括：

- 一級：傳統生產糧食
- 二級：農產加工，從上游的肥料、農藥、飼料、農機具等，到下游的食品加工、冷凍、運輸、倉儲、運銷、保險、餐飲
- 三級：休閒觀光、文化體驗等服務性的三級產業

就農業的經濟效益而言，雖然台灣一級產業附加價值不到 GDP 的 2%，但如果計算農業部門衍生的產值與附加價值對總體經濟的貢獻，將上下游產業關聯性一併考量，二〇一〇年台灣農業與相關

產業創造附加價值為新台幣 1.53 兆元，占當年全國 GDP 的比重 11.21%。

國際一致認為，農業部門的重要性除了以經濟效益來衡量外，對於一國經濟體發展還具備多功能之重要價值，其社會效益包括：

- 糧食生產的基本功能
- 創造社區或偏鄉就業機會、穩定社會
- 保護自然環境、維護鄉村景觀
- 奠基區域發展等外部效益功能

另根據國際知名期刊 Nature（1997），全球以農業為核心之生態系統服務所產生的價值，介於 16~54 兆美元之間，平均約為 33 兆美元，相當於當時全球 GNP 的兩倍；台經院生物科技產業研究中心據此推估，台灣農業對生態的服務價值可達新台幣 3.99 兆元，可能占全國 GDP 比重將近 30%。而且農業還有創造偏鄉就業、穩定社會等功能，這些都不是工商業等二三級產業能夠代替的。

5 慣行農法

台灣平均一公頃土地使用農藥的比例，根據行政院永續發展指標資料，台灣從二〇〇四至二〇一二年，每公頃農地的農藥使用量為 12.6-9.6 公斤。對照由耶魯大學、哥倫比亞大學及世界經濟論壇二〇〇五年所提出的環境永續指標（ESI 2005），只有哥斯達黎加的 20.40 公斤、哥倫比亞的 16.70 公斤、南韓的 12.80 公斤高於台灣，台灣排名第四。

慣行農法，顧名思義即「習慣行使的農法」，意指大量依賴農藥、化學肥料、除草劑等農業資材。但從歷史上來看，所謂的「慣行農法」其實一點都不慣行，不過實施了六十年。它起源於一九五〇年代，開發中國家如印度、墨西哥，為解決糧荒、實現糧食增產，擴大運用灌溉、農藥、化肥、殺蟲劑，使產量倍增，當時被稱為「第一次綠色革命」。但它也帶來若干問題，首

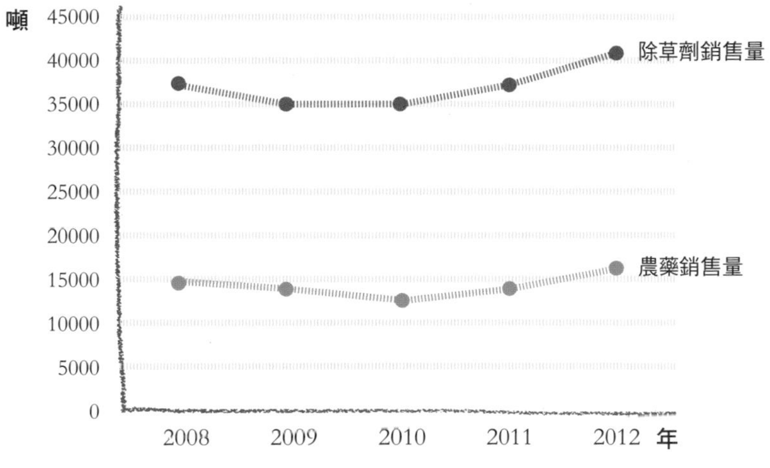

台灣農藥化肥使用量的變化

資料來源：林慧貞（2013/10）。除草劑用量創 5 年新高、非農地濫用嚴重。上下游新聞市集

先，對水源及土地造成嚴重污染、土壤鹽鹼化；加上生產成本提高，使得貧富差距擴大，許多小自耕農變成無立錐之地的貧民，許多家庭更買不起食物，並未真正解決糧荒問題。

同樣地，日治時期在「農業台灣、工業日本」的政策下，台灣農業成為供應日本糧食的重要角色，為提升生產量，肥料、農藥需求量亦激增。此情形延續到國民政府來台，五〇年代有「肥料換穀」的政策，以稻穀換取化肥。

影響至今，絕大多數的台灣農民都是實施「慣行農法」。

八〇年代以後，台灣開始建立友善農業的觀念與認證系統，相較於慣行農法，友善農業的定義是有機農業（無農藥無化肥者）、低農藥農業（安全用藥者）、無毒農業（施化肥無農藥者）等農法。簡言之，其所謂「友善」，主要指的是對環境友善、保護生態的意思。

6 有機農業

二〇一二年，台灣有機栽培面積共計 5849.73 公頃，僅佔現有可耕地面積 808,293 公頃的 0.72%。

國際間對「有機農業」的定義，強調以下四個元素：

- **健康**：耕種與飲食都以健康的方式進行，例如不用農藥與化肥；
- **生態**：尊重自然生態，永續經營；

農委會已認證之有機農產品驗證機構

機構名稱＼認證範圍		有機農糧產品	有機農糧加工品	有機畜產品
慈心有機農業發展基金會	TOAF	V	V	
國際美育自然生態基金會	MOA	V	V	
中華有機農業協會	COAA	V	V	
台灣省有機農業生產協會	TOPA	V		
台灣寶島有機農業發展協會	FOA	V		
暐凱國際檢驗科技股份有限公司	FSII	V	V	
國立成功大學	NCKU	V	V	
國立中興大學	NCHU	V		
中央畜產會	NAIF			V

資料來源：蔡精強（2009）台灣有機農業發展概況與前景

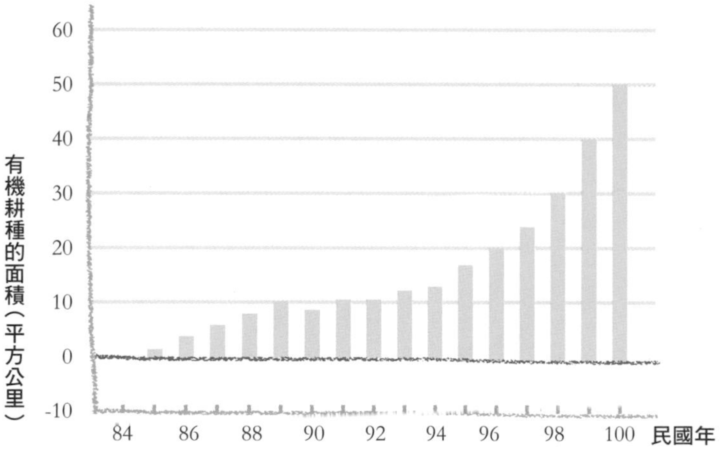

有機耕種面積

資料來源：行政院農業委員會農糧署

• **公平**：重視整個農業產銷體系的利益公道，包括農民、消費者、通銷商、自然環境；
• **謹慎**：須採取謹慎態度，表示對整個農產體系負責。

農委會也將有機農業做了非常清楚的定義：「有機農業是遵守自然資源循環永續利用原則，不允許使用合成化學物質，強調水土資源保育與生態平衡之管理系統，並達到生產自然安全農產品目標之農業。」（參考「有機農業全球資訊網」）二〇〇七年一月，農委會開始實施「農產品生產及驗證管理法」，將「有機農業」及其產品納入政府的法律規範。

台灣法規規定，沒有經過合法驗證之農產品，不得標示「有機」；目前台灣有許多民間機構可接受委託，為農民進行有機驗證，包括「慈心有機農業發展基金會」、「中華有機農業協會」、成功大學與中興大學等機構。農民只要定期付費進行檢驗，就能得到認證。消費者認明這些驗證，通常也可以吃到健康的農產品。

然而，現行有機驗證內容，多僅強調「健康」原則，對其他原則較少觸及。因此國人對有機農業的認識，也多停留在「健康」原則方面，其實，「生態」、「公平」、「謹慎」，也是有機農業不可忽視的重要原則！

7 生態農業

OtherWise: Dialogue for Social Change
圖片出處 http://www.st-otherwise.org/wp-content/uploads/0213Agroecology-poster3.jpg

「生態農業」(Agroecology)一詞在台灣尚未普遍，類似的概念在台灣多以「友善農業」來指稱，以相對於使用農藥化肥、強調產量、大規模生產的「工業化農業」，亦有別於強調有機認證的「有機農業」。

「友善農業」意指在生產過程中，採用對環境與土地友善的農法；在流通與交換的環節，則強調：生產者可以獲得合理的報酬，消費者可以獲得健康的食物、透明的生產資訊。

「生態農業」是對於綠色革命、基改運動、及糧食危機的回應，立基於生態學的知識，從全方位的角度，思考如何調適人與自然的關係。它不僅重視「環境的照顧」，更強調「社會、文化與生態的共同演進，以及社會系統與自然系統的不可分割性。」所強調與關注的核心包含：

- 強調農業系統中的生態過程，使用生態學概念與原理來設計永續的農業生產系統
- 有助於提高農民的收益

- 立基於在地的農法與環境知識的運用
- 重視多元化的自給自足體系（在地糧食供給）
- 農民能夠掌握生產的工具與過程等
- 有助提高農民收益

古巴推動「生態農業」，是一個具體成功的例子。一九九〇年代，古巴面對蘇聯解體、美國對其實施石油與物資禁運的危機，整合各部門投入生態農業，目前糧食自給率達到 60% 以上。農業專家、研究中心攜手投入有機肥料、病蟲害的生物防治、畜力使用、作物輪作與混合栽培、生態土壤管理等研究，有系統地將新知傳播給農人，並將技術轉移到民間。古巴農民因而得以重拾父執輩自耕自足的耕作智慧，政府單位更透過各種激勵政策，鼓勵農民的實踐。

整體而言，「生態農業」不僅代表了一種技術模式上的變化，更代表了人們看待農業方式的轉變，是朝向自給自足、強化在地糧食體系的修正之路。

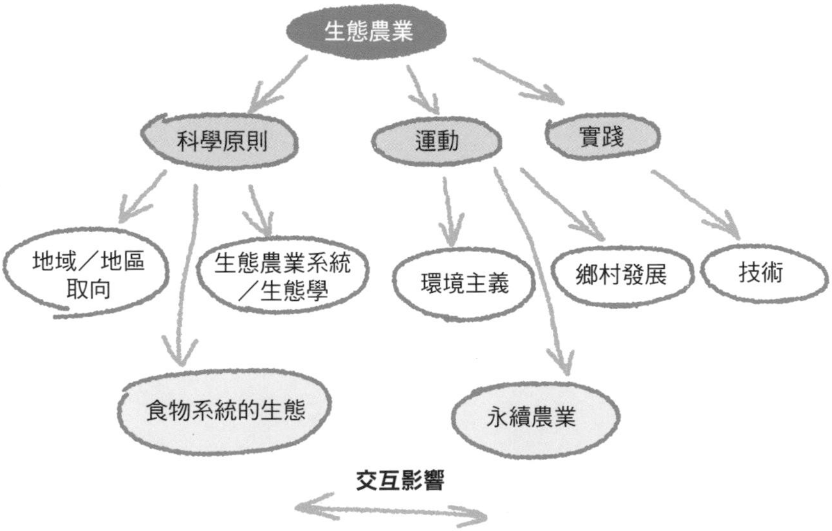

Agronomy for Sustainable Development 資料來源：Agronomy for Sustainable Development 網站

8 藏種於農

「農民留種」自用，是千百年來的習慣，農民每年選拔出生長強壯、品質良好的植株，留下種子並持續耕種。這樣的農民品種不但具有地方的獨特風味，也是最能適應當地風土的強健品種，能減少對農藥化肥的依賴；尤其面對全球氣候的變遷，將能逐漸培育出更適合當地環境的新地方品種。

一九五〇年代「綠色革命」之後，在專業農場所培育的高產量種子，雖然大大提高了作物的產量，卻也造成品種單一化、對農藥化肥的高度依賴，以及農民失去種子自主權的隱憂。

目前，全球四分之三的種子國際貿易被十家跨國公司所掌握，一旦地方農民喪失了種子自主權，整個糧食供應也將被跨國公司控制。若要避免這樣的後果，農民保種的習慣必須要重新復興。

台灣農業目前尚未被跨國種子公司入侵，但

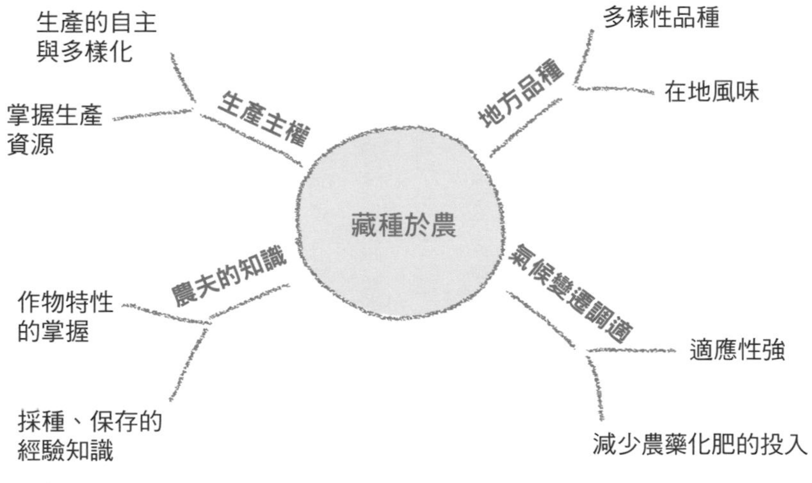

本書繪製整理

也逐漸整合入國際貿易體系，加上農民普遍信賴慣行農法，又因為農產品缺乏利潤而傾向追求產量，這些現象都使種子權利的流失成為重大隱憂。因此，推廣「藏種於農」的概念，鼓勵農民自行保種、培育優良品種，是台灣農業的重要方向。

9 地產地消

地產地消，簡單講就是「種在地、吃在地」，這意味著農業生產地與消費市場距離很近。與進口農產品比較起來，在地農產不僅減少許多運輸成本與能源消耗，食物里程低，而且整個生產過程幾乎就在消費者眼皮底下，能兼顧生態環境與食品安全，食材幾乎可以在第一時間新鮮送達。

例如農夫市集（Farmers' Market）社區支持型農業（Community Supported Agriculture, CSA），都是積極支持地產地消的實踐策略：

- **農夫市集**：提供生產者與消費者直接互動的平台，生產者帶來當地當令的農產品，消費者透過跟農友直接交談、溝通，更加瞭解作物生長種植的過程。農夫市集的利潤是直接回到生產者，可以減少中間商的抽成，帶給友善小農合理的收益。此外，農夫市集強調生產者、消費者的參與，與透明化的驗證標準，多方的「參與式認證」系統不僅保障在地農產的品質，重視參與、共享、信任關係的過程，也比較能反應農業活動在地脈絡的特殊性。

• **社區支持型農業**：一九八〇年代，美國開始提倡社區支持型農業，它是一種由社區鄰居共同經營的農業社群，通常由幾位主要負責食物生產的農夫，以及許多來自鄰近地區的會員所組成。在日本稱為提攜運動（teikei），強調伙伴與合作關係。因此台灣也有「社區協力農業」的譯詞，藉以強調生產者與消費者間平等互惠的關係。農夫與會員依據時令與在地環境，一起決定作物的栽種計畫；而後由農夫管理田地、會員出資支持或提供農務協助，農夫則定期將食物配送到會員家裡。CSA的好處在於，食品的生產過程非常透明，因為消費者本身幾乎就是生產者，食物里程低，又符合在地風土，也降低產銷的風險和成本。

「地產地消」讓生產與消費的關係重回良善、互信的循環，而不只是商品與買賣，也是食品安全最佳保障。

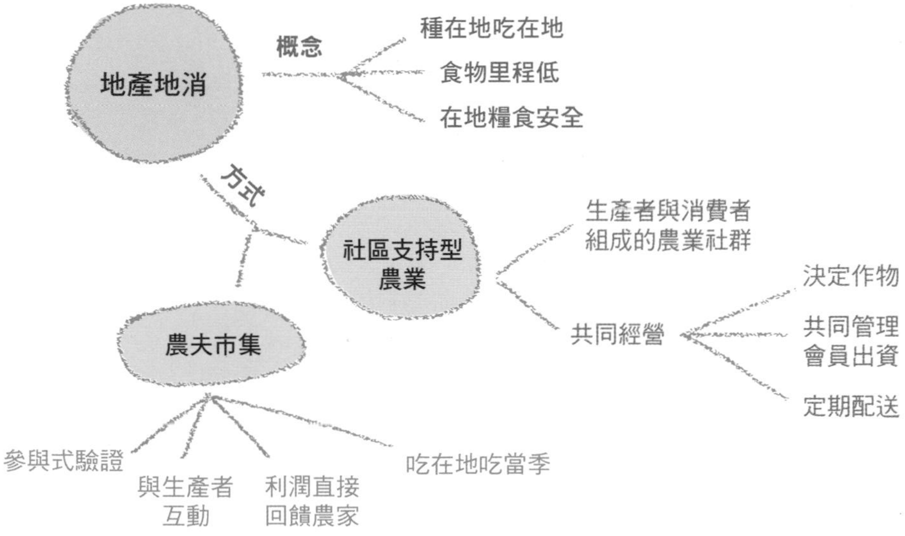

本書繪製整理

10 小農 vs 資本農業

「小農」和「資本農業」有什麼不同？

- 小農往往只有剛好足夠投入生產的資金，因此經不起太大風險
- 小農只有小片土地，因此產量較小
- 小農大多以自己家庭的人力為主要勞動力
- 農機具大多向人租用，因此經濟成本較高

「小農」和「資本農業」的重要差別，也在於兩者對農產品的「商業化」程度：

- 小農大多為了滿足生活所需而耕種；農企業生產農產品則是為了買賣，傾向追求土地利用的最大效益，希望以最低的成本，生產出擁有最大利潤的產品
- 小農生產容易受到在地的水土環境、文化傳統甚至農夫個人情感喜好的影響；農企業則盡可能完全以「經濟理性」來計算

「小農」和「資本農業」在生產規模、資本額等競爭上雖處於弱勢，卻是人類農業有史以來的主力，係因：

- 小農採取最適合當地水土的耕種方式，無形中也降低環境成本，能夠永續生產
- 小農社會整體的利益分配較平均，因此在同樣的農民階層中，彼此較能和諧共存
- 小農文化是順應自然的漸層積澱，蘊涵多元的生態、人文景觀和生生不息的創造力

台灣由於農地規模較小、以家庭勞動力為主，目前仍以小農生產為主力。為了避免農業環境被農企業全面壟斷，消費者在購買農產品時，不妨透過直接購買、享用當季、在地消費的方式，主動支持友善小農和小規模的永續農業。

11 國際家庭農業年

聯合國宣佈二〇一四年是「國際家庭農業年」(International Year of Family Farming, IYFF)，呼籲民間組織與各國政府合作，支持多樣化而永續的在地農業。國際農糧組織（FAO）對於家庭農業的定義為：

「家庭農業是組織農業、林業、漁業、牧業和水產養殖生產活動的一種手段，這些活動由家庭管理經營，並且主要依靠家庭勞力，包括男女勞力。無論是在發展中國家還是在已開發國家，家庭農業是糧食生產領域的主要農業形式。」(FAO, 2014。國際家庭農業年活動網 http://www.familyfarmingcampaign.net/)

FAO 特別強調家庭和小規模農業生產與世界糧食安全的密切相關。小型的家庭農場除了在保障糧食安全上有所貢獻，有效率的生產多樣化的產品，更可以生產與環境結合的商品，在維持生物多樣性、農業可持續發展、發展在地的經濟、與消費者互動、傳達農業重要訊息等方面，扮演重要的角色。（張聖函（2014）。以小農為核心，聯合國宣佈2014為國際家庭農業年。引自上下游新聞市集）

台灣的農地規模小，仍以家庭勞動力為主，在全世界都看到家庭農業的價值與重要之際，如何倡議與傳播以小農為核心的永續農業政策，搭建多元的支持系統，亟需各界一起努力，響應與支持多樣而永續的在地農業發展。

12 小農交換的「社會基礎」

在小農復耕的脈絡裡，特意突出「社會基礎」的思維，以說明小農與消費市場連結的模式具有多元而複雜的社會連帶。不同的交換模式中，小農與消費者交換的不僅僅是農產品，消費者願意付出更高的價格，以支持小農友善土地的生產，或者消費者願意花更多的時間進行產地拜訪、農事體驗，以一種環境學習的方式與小農產生連結，此類交換模式正在逐年擴大。當然，我們也觀察小農商品最為普遍的交換模式，仍是透過農會共同運銷機制，共同運銷體制之所以可行，奠基於產銷班成員對於班員供貨以及農會統銷分級的信任。換句話說，小農高度商品化的生產之所以未被資本完全壟斷，與小農交換過程的社會連帶有關，然而，此一連結又不僅僅是個別小農與某個或某類群體的社會連帶，而是一股社群協力的多方連結。以「社會基礎」名之，期待能夠釐清小農交換的社會基礎的真實面貌。

第二章

小農復耕，野地花開！

從農出發，建立城鄉共好的未來！

小農復耕，野地花開

文／陳芬瑜

台灣地處亞熱帶與熱帶，豐富的環境條件與合宜的氣候，使得台灣的物產豐饒而多樣。從河口平原到丘陵山地，從閩客村落到原住民部落，不同的環境條件，各異的作物特色，小農復耕的農友團隊有不同的復耕目標，不變的是「讓農業有生機」的共同夢想。

小農復耕計畫是二○○九年莫拉克颱風過後，由浩然基金會與台灣農村陣線共同啟動的農友培力計畫，希望透過「輔導陪伴」與「經濟支持」的方式，協助災後重建區農友進行農業經營型態、產銷通路的轉型，探尋兼具生計與環境修復的可能途徑，以回應氣候變遷及傳統產銷結構失衡的困境。

小農生產，富含社會與生態功能

台灣傳統以「小農家戶」為基礎的農業生產模式，每戶可耕地面積約為1.031[1] 公頃，面積雖然不大，但精耕細作的耕作方式及多樣化的生產，不僅維繫了台灣的糧食安全，更是社會穩定的基礎。同時，小農社會中鄰里農家互惠交換的社群支持，也使小農大幅降低日常生活對貨幣經濟的依賴。

主流的討論或許認為小農的生產效率低落、單位成本高，只有大規模的農企業生產方式才能提升台灣農業的競爭力；然而，這是將「農場的產出及效益的衡量」簡化為單一作物產量的思維。小農耕作的特色，在於善用作物的輪作、間作特性以及農場循環材料來飼養牲畜魚類等方式，以增加單位面積產量、補充有機肥及動物產品；因此，小農的主作物產量也許不如大農，但其產出卻相當多元，包括主要作物、其他雜糧、蔬菜、水果及動物產品等，以單位面積來算，總產量遠超過大農的單一作物機械化生產。

此外，小農耕作的價值不只是生產作物，尚有豐富的社會與生態功能。國際農糧組織（FAO）將二〇一四年定為「國際家庭農業年」，強調家庭和小規模的農業生產與世界糧食安全密切相關。家庭農業可以保護傳統糧食的生產，同時促進均衡的飲食、維護世界農業生物多樣性以及自然資源的可持續利用。家庭農業為推動在地經濟發展提供了機遇，尤其是在可促進社會保障和社區福祉的具體政策支持下。

小農復耕，探尋農友生計與環境照顧的途徑

回到台灣的現實情況，政府長期重工輕農，使得務農所得偏低[2]，但生活消費水平卻持續攀升，再加上農地因為繼承分割而零碎化，青壯農民難以達到足夠養家活口的耕種規模等因素，導致農

註1：根據行政院農委會農業統計資料查詢101年度農業指標資料計算所得，以101年台灣的耕地面積為80萬2000公頃，農家戶數779,375戶來計算，每戶的可耕地面積約為1.03公頃（農委會農業統計資料 http://agrstat.coa.gov.tw/sdweb/public/indicator/Indicator.aspx）。與經濟部水利署的網站資料，民國54年的平均耕地面積1.05公頃，及歷經連串土地政策後民國83年的1.08公頃，差異不大。（農田水利——經濟部水利署全球資訊網。）

註2：民國101年農委會統計資料，農家所得995,645元，農業淨收入215,795元，顯示農家收入多數來自工商部門的兼業所得。

村年輕世代離農，小農生產體制的存續面臨威脅，豐富的精耕傳統與智慧，也逐漸佚失。二〇〇九年，莫拉克颱風正式宣告台灣成為極端氣候影響區域，史無前例的豪大雨，造成高達七萬公頃作物受損面積、三十九億元農作損失，嚴重的農業損失，更凸顯了台灣自然環境被破壞、農鄉年輕勞動力流失，以及長期社會資源分配不均的社會現實。

「小農復耕計畫」便是在這樣的背景下開展，希望透過實踐的過程，累積不同型態的農鄉培力模式，探尋能兼顧環境照顧和農民生計的可能途徑，以回應氣候變異的挑戰，與傳統產銷結構失衡的困境。此計畫由浩然基金會、台灣農村陣線合作，透過「輔導陪伴」與「經濟支持」的方式，協助災後重建區農友進行農業經營型態、產銷通路的轉型，藉以改善經濟弱勢與修復環境。具體的做法包括：（一）透過多方的探尋找到合適的農友，並鼓勵其組成團隊，租用公田進行友善環境的農耕學習；（二）發展加工品與地方品牌，開展多元的產銷通路；（三）農友凡事皆透過會議討論、資源共管，是此計劃最重要的精神所在，藉以凝聚共識，促進實質的合作，培養農友團隊自我組織與再生產的能力。

小農復耕自二〇〇九年十一月啟動迄今，共有五個復耕支持點，分別是：台東縣金峰鄉歷坵部落、高雄市桃源區勤和部落，雲林縣北港鎮溝皂里及水林鄉兩個農友組合，以及高雄市美濃區的農友團隊。每個團隊因為不同的生產狀況與環境條件而有不同的培力模式。

台東歷坵部落的目標，在於協助農友找回傳統的耕作智慧，發展出符合在地社會脈絡與自然環境的農法，並提高農產品的品質；高雄勤和部落，主要生計為經濟果樹種植，其中梅子佔最大宗，因此，發展梅子農產加工，以突破青梅不耐存放與盤商掌握通路的困境是當地小農復耕的目標。有別於歷坵、勤和的原住民村落，雲林縣是台灣很重要的農業生產區，慣行農法、市場導向的生產是普遍狀況，因此小農團隊透過水稻和豆類輪種的方式，來減少病蟲害並增加地力；同時回應本土雜糧式微、高度依賴進口的現實。高雄美濃團隊的組成包括有機小農、傳承三代的麻油工坊及農村文創工作者，目標是從芝麻的無毒種植到榨油及加工發展，以重建傳統的芝麻產業鏈。

小農復耕計畫乃是從生產、加工到消費流通，多方思索與嘗試小農培力的可能，在理想與現實對話、辯證的過程中緩步前行。四年多來，在與農友團隊結伴同行的過程中，我們看到一些轉變與可能，包括在地農法的探索、社區合作經濟的可能，以及產銷連結促成的社群培力。

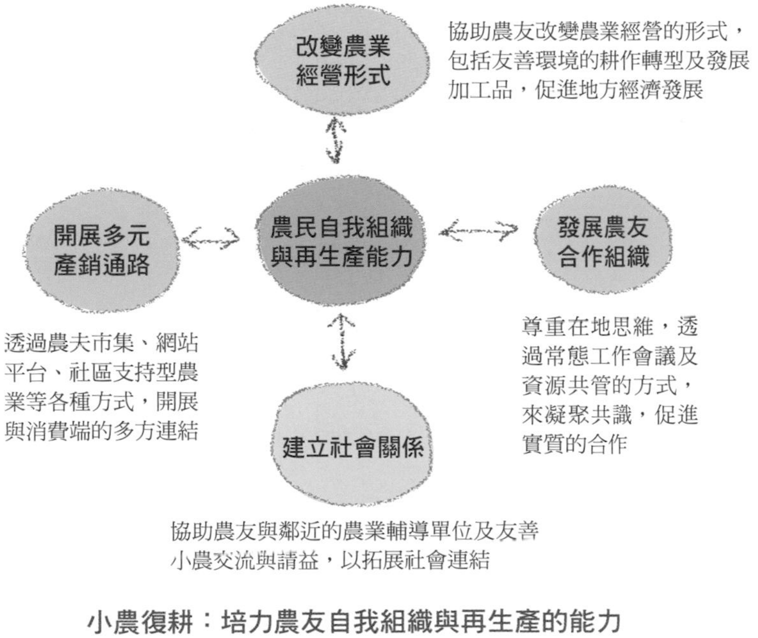
改變農業經營形式
協助農友改變農業經營的形式，包括友善環境的耕作轉型及發展加工品，促進地方經濟發展
開展多元產銷通路
農民自我組織與再生產能力
發展農友合作組織
透過農夫市集、網站平台、社區支持型農業等各種方式，開展與消費端的多方連結
尊重在地思維，透過常態工作會議及資源共管的方式，來凝聚共識，促進實質的合作
建立社會關係
協助農友與鄰近的農業輔導單位及友善小農交流與請益，以拓展社會連結

小農復耕：培力農友自我組織與再生產的能力

本書繪製整理

小農復耕計畫的五個支持點

雲林縣水林鄉水林村

2012.01 起迄今

農友團隊：蔡得黃、蔡佳旺、紀漢庭、紀金水等

地方品牌：水賊林友善土地組合

主要作物：稻米、豆類雜糧

發展方向：地區友善小農店舖、多樣性雜糧生產

雲林縣北港鎮溝皂里

2012.01 起迄今

農友團隊：黃子騰、黃鵬璋、蔡清木等，約 5 人

地方品牌：古早田小農之家

主要作物：稻米、花生

發展方向：推動地方品牌、支援社區小學農業教育

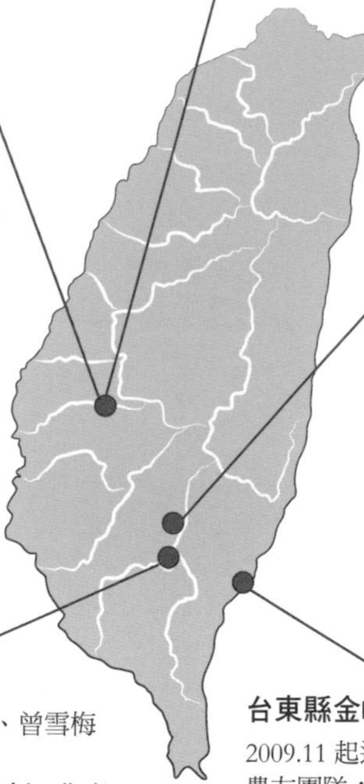

高雄市桃源區勤和部落

2009.11 起迄今（已獨立運作）

農友團隊：吳秋芬、高秀英、吳秋櫻、曾淑賢、杜拉隆等

地方品牌：桃源香梅

主要產品：Q 梅、脆梅、梅精、梅醬

發展方向：社區工坊，提供婦女就業機會

高雄市美濃區

2014 新復耕點

農友團隊：
- 資深有機農曾啟尚、曾雪梅
- 美濃田野學會
- 「野上野下」農村文創工作者
- 南頭河傳統麻油間

地方品牌：芝麻豆點事

主要產品：麻油、豆類

發展方向：恢復傳統芝麻產業鍊

台東縣金峰鄉歷坵部落

2009.11 起迄今

農友團隊：杜義中、林美麗、李新義，及回鄉青年謝聖華等四個家庭

地方品牌：魯拉克斯小米

主要作物：小米

發展方向：小米學堂、部落工藝及農產店舖

生產自主與在地農法

現代農業生產朝向高度商品化的發展，生產過程大量依賴化肥、農藥等外部投入，種子也大多因應單一作物系統而培育，提高產量成為唯一的目標，卻忽略了農業活動的社會與環境目標。在環境破壞、受制於資本主義市場邏輯的雙重困境下，如何協助農友減少對石化產物的依賴、掌握更多的生產主權，成為小農復耕的至要關鍵。

然而，要從使用化肥農藥的「慣行農法」轉型為「友善土地」的耕作方式，理念背後其實是一整套田間管理技術的再學習、勞動力的調整，以及不確定的生產風險。因此小農復耕的推動，首先是組織農友、透過公田進行友善土地的耕作學習，「公田」成為農友們可以無後顧之憂的田間試驗所，藉以找出最適合當地的田間管理方式。在台東歷坵部落的小米公田、雲林水林北港的水稻與雜糧豆類輪作的公田，農友們正在努力摸索適地的農法，並尋回傳統的田間智慧。

歷坵部落的農友，仍持續種植原住民重要的糧食與文化作物「小米」，其農業生產的市場依賴性較低，是一個相對不受資本主義影響的村落；然而由於年輕勞動力不足，老人家也已經習慣農藥化肥的耕作方式。在決定改變為友善耕作的方式後，「小米耆老」杜爸爸帶著四戶六位農友，嘗試恢復父祖輩的耕作智慧，他們將小米種子混入草木灰驅蟲、種植肥料豆來恢復土地肥力。復振傳統之餘也有創新，杜爸爸自製木製劃線器，將傳統的撒播改成條播方式，以方便管理；數十年從未中輟的「自留種」小米則是他的驕傲。透過找回在地農法、掌握生產所需的種子與工具研製的能力，杜爸爸的生產自主性正在逐漸恢復。

西南平原是台灣農業主要生產區，面對市場的生產模式下，農友的生計是轉型友善耕作時最大考量和掙扎。在適地適種的原則下，復耕作物的市場性仍需要被考量，雜糧作物因此成為雲林小農復耕的優先選擇。台灣雜糧 98% 仰賴進口，但近年來國人健康意識提升，無毒非基改的豆類市場需求很大，加上雲林六十歲以上農友，幼年時期家中仍有綠豆、毛豆、黑豆等雜糧的種作經驗，且農改場研究人員建議以水稻與豆類輪種，將有利於地力的維持與蟲害的控制，於是水稻與雜糧輪作成為雲林小農復耕的方向。北港溝皂里農友組成的古早田團隊，以擴大稻作植株間距、減少株數的方式，讓植株更強壯、維持通風以減少病害；水林鄉的水賊林農友，則於田間放養合鴨，以畜力協助雜草防治、增加肥力，秋作時則以黑豆黃豆輪作，採收後的豆莢殘株再運回田間，以補充地力。

建立社區的合作經濟

帶動社區合作、促進在地經濟，是小農復耕的另一目標，希望能透過在地農耕及衍生的農產加工、製造、運輸、販售等環節，逐步穩定當地社區的社會與經濟發展。勤和部落的農友在八八災後組成了梅子加工班，一起學習醃製青梅及開發在地品牌，社區合作經濟的理想在當地已稍具雛形。

桃源地區是台灣僅次於南投信義鄉第二大的青梅產區，二〇〇九年種植面積達到九百三十八公頃，僅次於南投信義鄉的 1,224 公頃（行政院農業委員會，二〇一二）[3]。當地的梅子青果竿打採收後，便交給盤商收購，每年清明節前後盛產期的收購價格大約為每公斤六至十元。八八水災之後，區域的聯外道路遇雨動輒中斷，讓青梅的交易運送更添困難，因此農友開此積極思考農產加工的可能性。除了學習加工技術，加工班還要發展自己的品牌、進行行銷販售、管理公基金，凡此種種都需要農友經常性的討論溝通，也是對團隊合作的考驗。陪伴同行的三年過程中，農友在加工流程、生產規劃及分工上已有很大的進步。經過第一年的摸索後，第二年產量的決定、加工坊的建置及小型輔助機械的採買，均由加工班班員們自主負責與廠商溝通，人手的規劃與安排也是內部運作形成。

而從具體的經濟效益來看，三年期間基金會投入復耕的支持經費約二百五十七萬元，包括一座二十坪左右的加工坊硬體改造，以及添置設備機具、加工耗材、公田租金與勞務等費用；販售累積的公基金約一百三十三萬元，則存放在農友聯名的公共帳戶中，作為加工坊自立運作後仍然可以循環運作的經費。雖然目前經濟規模還很小，創造的地區就業也還不具體，然而透過農友的勞動合作、勞動所得的分配與共管，高雄勤和部落（桃源香梅）有機會朝向更穩定的社區產業運作。

註3：資料出處：行政院農業委員會，農情報告資源網 - 各項作物規模別排序查詢（全部鄉鎮）http://agr.afa.gov.tw/afa/afa_frame.jsp

小農復耕運作經費	金額（元）	說明		
基金會支持經費	2,576,023	含小型加工坊設備資材、勞務費用等		
手作坊累積公基金	1,334,653	原始收入為 1,726,824 元，扣除自行負擔成本 392,171 元後，累積之公基金。		
手作坊年度營運成本	696,125	含設備成本分擔、加工資材及勞務費用		
	2010 年	2011 年	2012 年	三年總計
販售收入	309,169	803,570	614,085	1,726,824
自行負擔費用		94,568	297,603	
收入總計	309,169	709,002	316,482	1,334,653
說明：第二年販售收入大幅成長，主要為企業送禮及主婦聯盟消費合作社中秋禮盒採購，二〇一二年主婦聯盟消費合作社持續採購梅精，肯定其品質。				

消費連結，社群培力的社會工作

我們將糧食體系的運作，同時視為「社群培力」的社會工作，在地糧食體系所希望達成的友善土地耕作、健康飲食供應，以及城鄉發展問題與社會關係的改善等目標，需要有適當的溝通介面來拉近生產者與消費者的關係。消費合作、直接購買、農夫市集與社區支持型農業（Community Supported Agriculture, CSA）等從生產、流通到消費面向的解決之道，便提供了這樣的機會與可能，讓生產與消費、城市與農村的兩端，透過食物開啟了交流與多方連結。

鼓勵小農復耕之餘，從二〇一一年九月開始每月例行舉辦一次的彎腰農夫市集，成為消費者與友善小農互相溝通理解的平台。「友善耕作小農」是市集邀請農友的原則。現有的農友包括：

- **小農復耕點的農友**：高雄勤和部落、台東歷坵部落、雲林水林水賊林友善土地組合、雲林北港古早田小農之家、高雄美濃芝麻豆點事
- **小規模家庭式農場**：宜蘭花田厝、宜蘭源禾綠的農場、土城輝要無毒農場、宜蘭安安農場、花蓮小村六戶、貢寮的日照有機農場、彰化順安養蜂
- **友善耕作的農友組合**：部落e購、坪林台灣藍鵲茶、友好農產、澎湖海風野味、草地純釀、台南黑糖片刻、宜蘭寒溪部落的原住民永續發展協會、上下游新聞市集

農友透過生產的作物，搭起跟大眾溝通的管道，傳遞他們堅持農耕的理由；此外，透過每月的主題論壇及手作坊，從公平貿易、校園食材、社區支持型農業（CSA）、台灣糧食現況等議題，到植物染布、陽台蔬菜香草盆栽、手縫便當提袋、年節米食教作等手作DIY活動，彎腰農夫市集除了是市

民健康飲食的好選擇，也發揮了食物教育的功能。

彎腰農夫市集作為一個溝通理解的的平台，對於習慣傳統通路的農友來說，感受特別不同。高雄勤和部落的杜高秀英過去主要是種植青梅，採收之後就直接交給盤商收購，八八風災之後她參與了梅子加工班並擔任班長。二〇一一年十月加工班農友一起北上到市集擺攤，杜高秀英接受訪問時提到她對農夫市集的感受：「到這邊來買的人就是相信我們是真的、無毒的，是真心要買我們的東西的，不會像外面（一般市場）買東西會討價還價」，這與她過去的生產交換經驗非常不同。而對消費者來說，彎腰農夫市集提供了各式互動的可能連結，知名部落客 Munch 有一段令人印象深刻的描述[4]：

有人為生活勞動，生產美味食物。
有人為土地正義，堅守農村價值。
有人為知識學習，體會生態之美。
有人為衷心感激，深深彎腰道謝。

這也是我們對彎腰農夫市集的期許——不同的社群能藉由市集交會，相互支持、彼此學習。

可持續的生計發展模式

「小農復耕計畫」經歷四年，具體的作法是從實踐中慢慢成熟，模糊的理念在過程中得以逐漸清

註4：引自 Munch「飄浪。島嶼」部落格網誌「2011 彎腰生活節 - 不屈的生活美學」http://blog.yam.com/munch/article/41987769

晰與踏實。友善耕作、拓展多元產銷通路的發展方向，是對氣候變異、規模化生產、傳統農業產銷結構失衡的回應，以及尋求突破的實踐。雖然距離農友自立的成熟階段尚有距離，卻也似乎啟動了一些可能。

農友們在勞動過程中的改變與成長，是階段性很重要的成果。幾位投入桃源香梅梅子加工班的婦女，希望從加工班開始，慢慢帶動區域性的梅子產業發展。歷圵的部落老人家堅持小米的保種，雲林中生代農友要讓同伴及資深農友看到有機（無毒）耕作的未來。生產方式的改變，讓參與的農友們承擔起更多生產的責任，卻也因為對生產過程有更多的掌握，而更加肯定自身勞動的價值。

人的組織與合作，是小農復耕最關鍵的基礎，也是我們持續的挑戰。面對計畫資源公共性的原則，現有農友組合的緊密關係，如何透過制度與規範的約定，在擴大規模的同時又能保有實質的合作與活力，再再考驗著農友與我們的智慧；鼓勵人們組織起來的誘因，以及制約集體行動的限制因素為何，也都需要被仔細思考與突破。此外，農友對生計改善的期待，與小農復耕立基於環境照顧的「可持續生計發展模式」，兩者如何在實踐過程中有更多的調和與深化，也是對源於極端氣候災害調適而起的小農復耕計畫的考驗。

小農復耕尚在過程中，從農田到餐桌的過程如何架接，城鄉共好的理想如何實踐，需要更多的參與、討論及反省，期待我們的經驗紀錄可以有更多的回饋與對話。

第三章

親親小農風土誌

小米、青梅、豆禾、芝麻，和我們的餐桌

1 台東歷坵——魯拉克斯的金黃小米

文／鄭雅云 攝影／連偉志

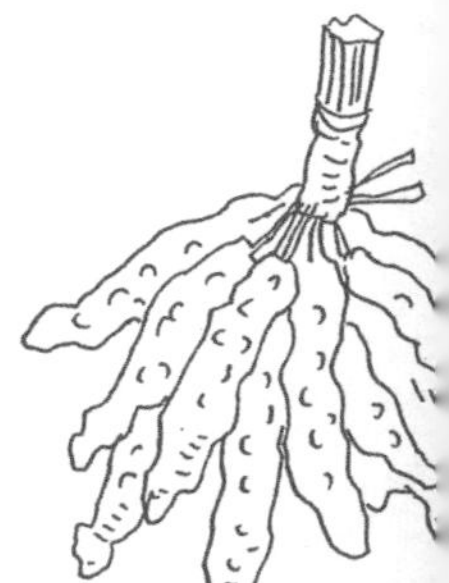

台東歷坵位在島嶼南方，處金崙溫泉之上，依偎南大武山旁。歷坵是由排灣族、魯凱族組成的原住民部落，部落的傳統名稱Rulakes魯拉克斯，在排灣族語中是「樟樹滿佈之地」的意思。二〇一〇年在歷坵展開的小農復耕，部落耆老杜爸爸和幾戶農友一起在公田上種下小米，嘗試友善環境耕作，找回過去與環境共存的傳統耕作智慧，以及屬於族人的文化與驕傲。

搭著火車，搖晃過大半個台灣，總在沿途睡睡醒醒，窗景變換，色調由灰轉綠，穿過夾道綠蔭的沁涼，才能抵達這個以樟樹為名的小部落——魯拉克斯。

魯拉克斯部落，最早是以「邏發尼耀」頭目家族為首的七戶住民，歷經兩波政策遷徙，發展至今約有近百戶規模。部落傍山而生，多賴農業生活，洛神花、花生和蔬菜是主要的經濟作物，而小米、樹豆、芋頭、生薑在族人的餐桌上，荏苒度過日治、國民政府至今，網咖旁的雜貨店歌曲從柔籟放到電音，依舊小米芳香。

和台灣多數農村一樣，隨著現代化與商品化的腳步，歷坵也面臨了資源不足、人口外流、長期使用化學藥劑造成土地環境傷害等問題；年輕一輩前往鄰近鄉鎮或更遠的都市讀書工作，少數有能力有

小農風土誌

地理環境：

歷坵是金峰鄉內面積最大的村落，境內多為林班山地，在土地利用上也隨著地形而有不同的耕作方式。歷坵位於台東金崙溪游域中游，下游處有地熱溫泉，因此早在日本時期此地就為人所知。沿著金崙溪在太平洋海岸的出海口一路向內行，經過金崙溪溫泉，歷坵村即位在金崙溪的中游位置。歷坵東臨太平洋，西靠南大武山，北鄰嘉蘭村，南與多良村以金崙溪為天然界線，四面環山，景色秀麗，一年四季氣候宜人，是戶外活動的好去處。

生產條件：

歷坵居民多以務農為業，山區灌溉不易，因此大多種植耐旱作物如小米、落花生、薑、釋迦、洛神花、山蘇、芋頭、番薯、咖啡及蔬菜等農作物，在部份地勢平坦之處，也曾經種植水稻。村中耕作面積約有71.44 公頃，在其他的宜林地中，則栽植桂竹、油桐、相思樹、馬六甲合歡等造林樹種。目前村中有三個產銷班，分別為：小米產銷班、咖啡產銷班以及雜糧產銷班。

特色作物：

歷坵位於金崙溪中游，河床富礫石，山坡地陡峭，適合較為粗放耐旱的作物。小米耐旱、適應力強，且是原住民重要的傳統祭儀作物；洛神花則屬於種植成本低、易於管理的經濟作物，且洛神的生長季節，恰好可與小米形成一、二期作循環，因此這兩者都是村裡常見的作物。此外，咖啡需半日照，喜潮濕，適合種於林間，近年也成為歷坵的另一項經濟作物。

歷坵的復耕計畫，種下本地的原生種小米，也象徵了族人保護文化傳統的決心

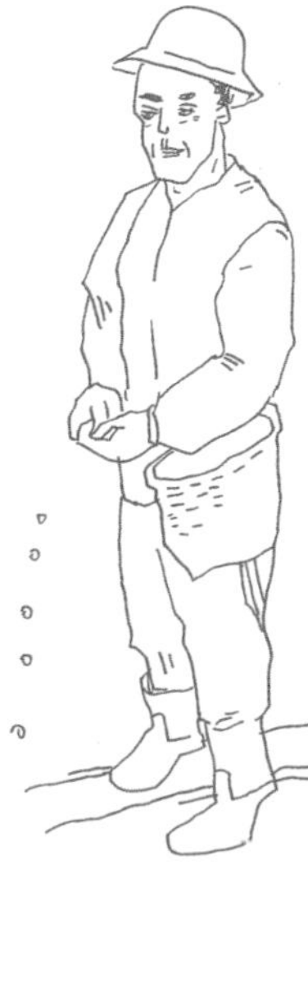

際遇者，兜兜轉轉之後決定回到家鄉，懷抱各自理想與人際網絡，共同為部落服務。

八八風災，吹斷路，也將民間浩然基金會的小農復耕計畫帶進部落。小農復耕計畫，以部落的文化與自主為土壤，期望透過經濟支持的澆灌，生長出屬於族人的在地產業。

小米達人杜爸爸

年過七旬的杜爸爸，杜義中，是小農復耕團隊中農耕經驗最豐富的長者。他幼時在屏東阿禮部落出生，十歲左右隨著族人到歷坵來，是最後一批遷居的魯凱族人。杜義中從小跟著媽媽務農，在那個還沒有農藥化肥的時代，用小小的步伐跟著媽媽在小米田裡穿梭，耳濡目

染，儘管父母早逝，但一直到現在，種小米仍是每年最重要的事，他也成為部落數一數二的小米達人。「我很喜歡種小米。我的母親在我十三歲的時候過世了，在那之後，我就一直保留著媽媽所留下來的小米品種，每年種下。小米開花的時候很漂亮，讓我想起媽媽對我的好。所以我一直種小米，感覺就好像還跟媽媽在一起一樣。」

「我們原住民，每到一個地方就會種下小米。」小米耐旱，能適應多種地形與土質，傳統原住民慣於輪耕，每開墾一新地，就先種下

田間學堂—條播與撒播

一般較為粗放的作物，因為管理容易，價格也較低，為了節省種植成本與人力，通常採用撒播方式，撒播的方式是將種子以適當的密度撒在田區當中。而條播則是將種子播成等距離的長條狀，通常採用條播的作物都需要比較多的管理與照顧，條播可以更有效的掌握植株的間距，讓每一棵作物得到最適當的生長空間，也讓疏苗、除草、施肥等等田間管理作業更方便。

小米，藉此瞭解土地特性；已開墾的土地，在每一次耕作之後便要休耕，以自然方式恢復地力。

如同漢人以種植水稻建立起自己的飲食生活文化，原住民的文化則與小米息息相關，除了諸多傳說與祭典，最令人垂涎的便是味覺豐富的各式傳統料理。例如小米加入野菜燉煮成大鍋「搖搖飯」，方便又美味，是老一輩最懷念的兒時滋味；小米放肉裹上假酸漿葉，長粽型的「奇納福」是慶典時不可或缺的美味；小米酒更是家家獨門、每季限量的香甜。不過到了近代，傳統耕作引入化學資材、農業機械，加以村莊人口外流，仍然維持人力耕作的小米逐漸被其他經濟作物取代，雖然並未消失蹤影，但已不復昔日榮景。

在部落的公田，族人們互相學習、切磋祖先種植小米的知識　攝影 / 謝聖華

把祖先的小米智慧傳給孩子們

二〇一〇年在歷坵展開的小農復耕，在作為復耕基地的公田上種下小米，嘗試友善環境耕作，找回過去與環境共存的傳統耕作智慧；祈願還給土地自然休養生息的空間，也還給部落一塊有生機的土地。要恢復的，不僅是天然環境，還有屬於族人的文化與驕傲，一些隨著時光流逝的無價財富。

第一次嘗試無農藥耕作，大家的心裡總是不太踏實，已經習於慣行的操作方式，對於「生態農法」還是感到陌生與模糊。靠著杜爸爸回憶年輕時候，他的媽媽是如何利用既有資源，回應自然的呼吸吐

田間學堂—間拔

間拔，是種小米的時候最重要的一項工作。杜爸爸說，小米發芽之後，大約長到十公分的高度就要進行間拔，把長得太密的小米草疏一疏，留下強壯的，把瘦弱的小米草拔掉，留下來的小米需要相隔約一個拳頭的距離。如果距離太短太密，那麼土地的養分供應不夠，小米就會長得不好。拔小米草的時候，需要一直蹲著，仔細觀察小米，同時拔掉跟著小米一起長出來的雜草，還要留意不能壓到柔弱的小米草，需要專注、耐心和腰力。即使是經驗純熟的農人，間拔一分地的小米也得花上兩三天的時間。因此也是小米種植過程中最最辛苦的工作。

田間學堂—中耕機

歷坵部落小農復耕剛開始的時候，考量到不使用農藥的種植方式，將會增加許多人工，因此購買了一台中耕機，供作整地時的生力軍，小農們也嘗試利用它來挖溝做畦、除草培土等等。對於友善環境耕作的小農來說，適當的利用小型農機具可以節省許多人力與時間。

納，一一克服田間的病蟲害侵襲。「種小米，就是要像對自己的小孩子一樣，經常去看他、關心他，」杜爸爸說。而對於小米最容易碰到的鏽病，老祖先也有方法：「以前我媽媽會把燒柴的灰燼灑在泥土上，治療鏽病。而現在，我也會這樣告訴我的 Vuvu 們。」

除了傳統智慧的寶藏，平均年齡超過六十歲的復耕團隊，也像認真的學生一樣，積極學習不用農藥的耕作方式。他們透過基金會聯絡東部的幾個有機農場，先後邀請曾在花蓮吉拉卡樣農場工作過的蘇秀蓮大姐，和曲冰部落的廖金池老師到歷坵，實地勘查田區狀況與分享自製液肥的方式。也曾到台東羅傑的自然農場探詢種植黃豆的方法。團隊決定試種黃豆以後，羅山的阿盛農夫慷慨幫忙，第一批花蓮一號豆種進入歷坵，為部落點綴了不同的風景。雖然後來黃豆不敵病蟲害的侵襲，收成欠佳，老人家們也就繼續專心的照顧小米，但是每一次與人交流，學得新知的溫暖與興奮依舊存在，支持著大家繼續努力。

回到部落，大家更進一步思考如何有效的以人力取代化學藥劑。因為不使用除草藥劑，也不像種水稻一樣，可以用水位來抑制雜草生長，該如何有效率的管理雜草？熱愛小米的杜爸爸，於是決定使用條播的方式種下小米，以便於之後的除草與田間管理作業。他花了許多時間，經過不斷苦思與修改，製作出公田專用的劃行器。

保存魯凱、排灣族的小米原生品種

杜爸爸不僅長於耕作，出於對小米的喜愛與情感，他持續在田中保存小米品種，「因為我很喜歡種子的東西啦，所以我看到別的老人家有其他品種，我就會請他們給我一點點。」除了家鄉魯凱族原生的品種，他也篩選移居歷坵後當地排灣族的品種，甚至是後來農改場研發的品種保留下來。到現在一共保存了十七種的小米品種，是個小小民間保種達人。杜爸爸與他的太太何玉美，一個前前後後張羅復耕所

族人對小米懷抱著深厚的記憶和情感　攝影／謝聖華

需的種子、農具與資材等等，一個負責聯絡與溝通協調種種事宜，可說是團隊中的靈魂人物。

何玉美的好朋友，林美麗，則是團隊中身手俐落的田裡巾幗。從年輕時候，她就跟著先生一起養牛耕田；十多年前，先生在工作中受了傷，她一面照顧先生，一面獨立擔起家務，田裡則改種些比較粗放省工的樹豆。林阿姨跟她的姪子李新義兩人是團隊的生力軍，從最初開墾一塊廢耕田作為復耕基地，林阿姨單槍匹馬背著砍草機深入雜草密林的英姿，讓人留下深刻印象。而每季整地翻耕的工作，都倚仗李大哥推著中耕機一如他忠實的牛，

田間學堂—小米劃線器（gagala）

gagala 在族語中有拉線、劃行的意思，這是杜爸爸得意的改良工具。傳統上都是用撒播的方式種小米，因為希望不使用農藥，與間拔時可以方便些，杜爸爸決定用條播的方式種植小米，因而花了許多時間構思、利用晚上休息的時候趕工製作出特製的 gagala，讓大家能夠更有效率又準確的播下小米。

將田土翻得鬆軟而井然。

邱江南是壢坵現任村長，年輕時在台東當廚師，這幾年才回來務農；他的兒子謝聖華是前任村幹事，兩人對部落事務都很有想法，在忙碌的公務之餘，還是積極參與復耕計畫的討論與工作。聖華就像許多部落青年一樣，在成長過程中漸漸的往都市求學、居住、工作，卻也一面興起了「回部落」的想法。六年前謝聖華回到家鄉擔任村幹事，雖然忙碌，但在自己的家鄉，為部落付出讓他感覺十分踏實。

曾經從事設計工作的聖華，醉心於自然和部落文化藝術，每年參加彎腰生活節擺攤，他帶來各種部落的美麗植物，小米、野薑花、月桃、腎蕨，搭配木器藤編作為攤位擺設，優雅而富生機，每每引人駐足。市集上販賣的小米美食，也總是早早就銷售一空，市集常客都知道，若晚來，只得等明年了！

壢坵的公田結合了部落三代人的努力，種下小米也種下未來的希望

金黃飽滿的小米豐收

無農藥耕作的小米田，在復耕團隊辛勤的努力下金黃飽滿，也改變了部落的人對友善耕作的看法。近兩年，鄉公所成立歷坵小米產銷班，擴大面積，向部落契作無農藥栽培小米，發展在地品牌，同時擴大舉辦部落聯合豐年祭，吸引觀光客前來體驗部落文化。每年小米收穫祭，部落遊客絡繹不絕，全村總動員分工接待，到了夜晚，星空下的營火堆人聲鼎沸，足堪是部落裡數一數二的熱鬧夜晚。

在另一個微雨的潮濕日子裡，雨後山嵐正好，有一群人緩步走過部落。平日裡，部落的喇叭並不播放原住民音樂，唯有雜貨店間或傳出卡啦ＯＫ的音樂聲響。不遠方一處工寮升起狼煙瀰漫。

這是小農復耕團隊首次舉辦的「好農小旅行」部落體驗活動，燃燒雪桐樹枝的

無農藥耕作的小米金黃飽滿，讓族人更加堅定地投入友善耕作的行列　攝影／謝聖華

杜爸爸，告訴大家在過去點燃狼煙的方法與用途。待煙散去，大家悠悠從杜爸爸說的傳統故事裡醒過來；另一邊，杜媽媽與林阿姨備好了食材，接著指導大家做小米粽與搖搖飯。午餐過後，杜爸爸領著大家到他的小米田去，學習在沒有自動脫殼機的從前，老人家是如何捻下小米的莖，再一束一束用草稈綁起，井然宛若供神鮮花。

安靜與喧鬧，傳統與現代，存在在這個山中的小部落。因為基金會與鄉公所的協助支持，讓歷坵這個小部落在災後走向了不一樣的產業模式，也觸發了更多的可能。這條路終將走向哪裡？須賴族人的思考與團結，可以確定的是，愛小米愛芋頭的族人，在許久以後，不論外面的流行之聲震天價響，回到部落的餐桌上，小米依然芬芳。

田間學堂─歷坵農法

同樣的作物，因為各地風土環境、產業模式甚至是文化傳統的不同，都有可能呈現不同的耕作樣貌，而一個地方的農法，有時也能反映出當地的風土文化特色。在歷坵嘗試的小農復耕，就希望可以找回過去傳統的智慧，融合有機耕作的技巧來取代化學藥劑。歷坵農法漸形成一套有系統的農法理論，不過大家希望，透過每一年更多的發現，有朝一日能夠創造屬於歷坵自己的友善農法。

小農最前線——

1
杜義中（杜爸爸）**：小米達人**

特徵：熱愛小米，是小農團隊的安定力量，用心張羅著種子、工具與每一季的田間工作，讓伙伴們安心地跟著他的規劃與節奏前進。

2
何玉美（杜媽媽）**：杜爸爸的最佳拍檔及好幫手**

特徵：農友團隊最佳的潤滑劑跟溝通者，舉凡常態農務工作的協調，以及團體工作難免的小磨合，她總是想辦法溝通化解，讓團體的工作可以持續進展。

3
林美麗（林阿姨）**：田裡巾幗**

特徵：一輩子務農、貼近土地的身體記憶，工作起來俐落矯捷，不讓鬚眉。整地砍草的大動作勞務難不倒她，需要耐煩的小米間拔，也能彎腰沉著以對。

4
李新義一家

李新義：50出頭，是部落務農的「年輕人」

特徵：相對年輕以及經常到外地幫農的見聞，老人家很期待他能夠傳承魯拉克斯農法的智慧。

5 李進德（李爸爸）：活力十足的老人家，熟諳傳統農法

特徵：喜歡一邊哼歌，一邊工作，他說要這樣工作才能做得又快又好。

6 李林素英（李媽媽）：李家父子的後盾

特徵：來自對土地的信念，讓她堅持勞動！「只要有土地我們就能夠活下去呀。土地會自己長出食物，比什麼都重要！」

7 邱江南：歷圷現任村長

特徵：對部落事務很有想法，儘管公務繁忙，仍積極參與小農團隊的討論與工作。

8 謝聖華：返鄉青年

特徵：簡單生活與友善土地的理念，讓他逐步踏穩回鄉的腳步。持續投入部落文化學習與青少年的陪伴工作，並善用藝術設計的專長，協助小農復耕農產的包裝與販售，希望將部落的美好事物傳遞出去。

攝影／謝聖華

來和小農做朋友

杜義中

農人ㄟ心內話：

「我一直種小米，感覺就好像我媽媽還在一樣，
尤其是小米開花的時候，很漂亮，
我就會想到以前我的媽媽對我那麼好。」

杜義中，到壢坵的學生們都叫他杜爸爸。他是屏東霧台鄉阿禮的魯凱族人，民國五十年間，隨著族人遷移到壢坵。在那樣的年代裡，搬家並不是件容易的事，漫長的山路，是大家彼此互相扶持、一步一步走過來的。魯凱族人，與更早遷移到此的排灣族人，以及在地邏發尼耀家族，共同形成了現在的壢坵部落。

杜爸爸從小就跟著媽媽一起種小米。他對於早逝的爸爸沒有印象，從小是和媽媽、舅舅舅媽相依為命。「我的媽媽很疼我，從小就帶著我一起種小米，也教我做手工，我的年紀太小學不會，但是她還是很有耐心的教我。我十三歲的時候媽媽生病過世了，在那之後，我就一直保留著媽媽喜歡的那些小米品種，一種都沒有放棄。我種小米的時候，感覺好像我媽媽還在一樣，尤其是小米開花的時候，很漂亮，我就會想到以前我的媽媽對我那麼好。」

年齡：71 歲／務農年資：將近 60 年
家中人口：太太、二兒一女、兩個媳婦、六個孫子
農場規模：約兩甲，主要種小米和洛神花，也種芋頭、南瓜、玉米等雜糧供自家食用

對杜爸爸來說，小米不僅是文化的根，也是他與早逝的母親最重要的連結。「除了媽媽留給我的品種以外，因為我很喜歡種子，所以我只要看到別人有其他品種，我就會請他們給我一點點。到現在在我那邊，總共有十七種小米的品種。」

「在這十七種裡面，最好吃的是我們從阿禮帶來的，魯凱族話叫做『拉達尼搭膩』，鄉公所給他一個名字叫『金黃小米』。這一種小米的殼紅紅的，打出來的米粒比較小，可是香氣很好，黃澄澄的很漂亮，黏性也很好，拿來作成小米粽、小米酒都很棒。有客人來的時候，我們都要準備小米作菜請他吃，就連歷坵這裡的人也很喜歡。」

杜爸爸種了一輩子的小米，憑藉著他過去的記憶與多年經驗，帶領大家一起在公田嘗試友善耕作。轉型友善耕作，先要克服因長期用藥而造成土地酸化貧瘠的現象。「我們首先種下一種肥料豆，利用豆科植物固氮的特性，成熟之後再拔起來犁進土裡，增加土地的肥份。」

轉作，雖然投入的人力成本增加了，但是可以透過自行加工販售，掌握自己的收入來源。過去收成的小米，大多是整卡車的載到西部去給中盤商收購，「辛苦了一季就這樣賣掉，實在划不來。」杜義中說，因為轉作的小米品質好又安全，顧客之間口耳相傳，「有的人甚至直接跑到我們工寮來買。現在我們的小米都自己賣，不假手他人了。」

杜爸爸幼年失怙，母親也早逝，最照顧他的，就是他的兩個舅舅。舅舅是他的老師，從小帶著他打獵，讓杜爸爸不僅精通農耕，更是個優秀的魯凱獵人。而現在，杜爸爸也將母親、舅舅教給他的，一點一點傳承給自己的小孫子（Vuvu）們。

01 Gavai 排灣小米粽

文／毛奇

Cinavu，歷坵的人把它叫做 avie。有時候因為不同語群間口音變異的關係，聽起來會是 gavai。族語中的 avie 和 cinavu 都可以拿來指排灣族的小米粽。這兩者的差別是，前者使用的是磨成粉的芋頭乾或小米；後者則是完整的小米。在台東歷坵這邊的語言，大家習慣說 avie 來泛指 avie 和 cinavu；不過呢，就像玫瑰換了名字一樣香的道理，小米粽不管用什麼口音稱呼它，阿拜、嘎拜、還是祈納福，都是非常好吃的。歷坵杜媽媽包的阿拜，有口皆碑。跟平地人吃的潮州粽一樣，都是享受純粹的澱粉以及美味五花豬肉蛋白質口味。不一樣的是，阿拜在小米外面還會墊上一層可以食用的甲酸漿葉，這層薄薄的葉子，讓整體的口感清爽了起來，平衡了糯小米的口感和豬肉的油脂。而講究的小米粽最外面以月桃葉包裹，整體沾染了月桃葉濃郁的香氣；葉香、米香、肉香，調合起來，真是令人身心愉悅呀！

材料：小米、月桃葉、豬肉（五花尤佳）、甲酸漿葉、調味料

步驟：

1. 備好泡水過的小米、醃好的豬肉、月桃葉以及甲酸漿葉
2. 削去新鮮月桃葉背面部分的突出的葉脈，這樣包的時候葉子才不會斷掉
3. 把月桃葉拿到火中炙烤一下，逼出香氣
4. 在柴上先放上半鍋水開始燒，葉子攤開
5. 一片月桃葉，放兩片甲酸漿的葉子。注意平均，甲酸漿葉一上一下放置
6. 舀上小米。小米可以替代成磨好的小米粉，適合牙口不好的老人家食用
7. 鋪上一列調味好的肉塊，將月桃葉從外面向內，先左右合攏、接著上下折起成長柱型粽子，用棉線密密的把粽子綁好打結
8. 排灣女人把一絡棉線掛在脖子上，以手、口咬線輔助，一下就包好了。將一籃子 avie 放到沸騰水中煮熟，撈起來就完成了

秘訣：趁熱吃，又香又燙手。放涼吃，就是排灣人隨身的愛心便當。都市中的排灣居民在鄉愁口感的呼喚下，還會出現變巧的小米粽版本。以粽葉代替月桃葉、以海苔代替甲酸漿葉，唯有小米、芋頭的澱粉選擇是不能夠妥協的滋味！

02 水煮花生

排灣人地裡的雜糧，要吃了能夠讓身體長出力氣。除了神聖的小米，可靠的芋頭，還有甜脆的花生。對於從地裡長出來的澱粉，排灣人細細種植、用心儲存。從田裡面新收的花生，早上從地裡拔起來。放在牆腳曬曬，讓陽光烤乾濕潤的泥土。乾了之後，本來結成塊的泥巴，輕輕靠牆甩打，土塊就紛紛掉落；再拿去清洗就有效率多了。

步驟：

1. 水先燒滾，把洗得乾乾淨淨的花生一股腦地倒入鼎中
2. 讓花生裝的滿滿。水剛剛好就可以了，蓋上鍋蓋去悶
3. 中間不時翻動，水中灑上鹽巴
4. 不知道熟了怎麼辦？土地如此慷慨，剝一顆試吃嘛

秘訣：新鮮的水煮花生吃起是脆口的，清甜的口感，有新鮮豆科子葉才嚐的出富含植物性蛋白芳香。燙好吃，就很好吃了。

03 花生芋頭乾豬肉醬汁

排灣人對芋頭有很好的品味，充分顯現在不同芋頭的族語命名上。如莖粗大的芋頭叫 taluimu，橫生的小芋頭叫 bici，皮薄如紙、也用來製作芋頭乾的小芋頭叫 byuho。芋頭的泛稱叫做 vasa，很多時候也用來指稱漢人食用的芋頭品種。歷坵的人們也很常種一種他們喚作「毛地瓜」的小山藥，毛地瓜個頭兒跟小芋頭差不多大，但看不到芋頭一環一環的紋路，反而像長滿了鬚根的地瓜因而得名。

步驟：

1. 起油鍋放入薑片微微煎香
2. 放入豬肉、適量的水、芋頭乾、調味的鹽巴或醬油
3. 等水慢慢的滾，把豬肉的味道釋放出來，再吸到芋頭乾的孔洞裡去
4. 差不多了，再灑下水煮好的新收花生
5. 別煮的太久，讓花生不脆。熄火就可以起鍋了

秘訣：根莖類新鮮水煮就很好吃了。山上的人們有土地的恩賜，吃原味就能夠直接感受到食材的美好：鬆軟、甜脆、軟糯，調味不用太多。做為保存之用時，把這些時間累積膨脹的根莖類，拿到排灣人家家戶戶工寮必備的石頭灶去慢慢烘乾，就成了質輕的澱粉類乾糧。以此為基礎，乾芋頭可以延伸出許許多多的特色料理。

04 烤黃藤心

黃藤其實不算是排灣人最聞名的山林野菜，但黃藤心的美味，在台灣原住民裡的名氣是遠遠超過它那劍拔弩張的外表。黃藤長在低、中海拔山區森林中，是多年生有刺木質藤本植物，莖上長有長刺，不帶上鋒利的番刀是帶不回家的。黃藤吃它莖的中間嫩嫩的部分。吃起來苦中帶甘，靠近芽端的藤心苦，越靠近土地方向的藤心則甘口醇厚。

步驟：

1. 將渾身帶刺的黃藤去掉最外面那遍生荊棘的殼
2. 直接放到炭火中去烤。黃藤化身柴火，同時，火上還能烹煮另一鍋食物呢
3. 記得換頭伸到火裡面去烤，不然整根不會全熟
4. 等到黃藤滋滋唱起美妙的歌曲，或是外層被炭火焙得焦熟的時候，就可以從火中拿起來了
5. 剝開焦黑的部分，中間的藤心就有濃縮的甘苦滋味。熱熱的吃最美味了

秘訣：老人家說，黃藤烤好的時候，藤心會在火中發出開心的歌聲。所以烤藤心的人不可以離火邊太遠，要仔細聽藤心什麼時候開始唱歌。

05 野菜泡麵的香辛好味

山上有很多植物都可以拿來充飢墊胃。很多因為野氣未馴，有強烈的氣息和堅韌的莖幹，不進入現代社會的漢人食譜中。不過靠山吃山、靠海吃海的山鄰居民們，可不會錯過這樣的美味唷。特別是野菜強烈的氣息，搭配泡麵一起煮食，跟市售泡麵鹹香的口味特別地搭配，也能平衡單調的泡麵味，添入生鮮的氣息和補充蔬菜！

秘訣：老中青一致推薦的首選：大圓葉胡椒（台灣胡椒）。也很適合放到泡麵裡的還有昭和草和刺蔥。排灣人喜歡把東西分成公的母的。

2 高雄桃源——部落媽媽的香梅好滋味

文／陳芬瑜 攝影／連偉志

媽媽的能量有多大？可以勤勞踏實、可以懷抱夢想、可以無畏前行！桃源香梅手作坊是八八風災之後，高雄南橫山區的布農媽媽們胼手胝足經營的小小梅子加工坊。面對環境的破壞、生計的挑戰、以及遷村的壓力，是媽媽們堅毅的韌性支撐著手作坊的運作；為留鄉的族人、孩子找到發展的未來，則是支持媽媽們努力前行的動力。

小小工坊的堅持就像當地的梅子，個頭小巧卻滋味醇厚；不撓的生命力，總要每年開花結果，年年用心手作。

勤和的梅子，因為雨水較少及溫差大的特性，個頭小巧，卻酸度、滋味十足

位於玉山南麓、荖濃溪畔的勤和部落是布農族人的村落。

小農風土誌

地理環境：

勤和部落所在的桃源區是高雄市人口密度最低、面積最大的區。區域內多山坡地，平地很少，荖濃溪流貫其間，山高水深，是主要的環境特色。八八風災後，政府重建政策快速地定調，希望災民接受「平地永久屋」與永久搬離山上故鄉的安排，讓山林休養生息。這樣的政策對於遭逢大難後的徬徨人心無疑是沉重的選擇，勤和部落當時也在遷村名單中。曾任「勤和部落就地重建協會」總幹事的劉行健回憶說，「當時在陸官安置的時候，甚至有謠言說，勤和村已經都被土石淹沒了。後來，我們搭直昇機回來，看到村子還好好的啊！十一月底之後，村民就陸續回到部落。」當時，有些村民對於遷居平地永久屋有所疑慮，不僅擔心生計、擔心山上的huma（果園），也對政府「遷居永久屋不必遷戶籍」的說詞懷疑。因此，回鄉的村民決定組織重建協會，留守家園。

特色作物：

青梅主要種在中央山脈兩側二百到一千五百公尺高的山坡地，是台灣山坡地重要果樹之一，早期因外銷日本的梅胚需求，經濟效益很高。一九九〇年代初期，年產值一度高達三十億，但是到九〇年代中後期因為受到中國大陸低價梅胚的競爭，及日本當地青梅種植面積增加的影響，產值大為下降；國內市場也受到第三國轉運進口之大陸梅製品衝擊，導致加工廠收購數量銳減，產地價格滑落，青梅產銷面臨結構性失衡問題。農友杜高秀英（Savi）回想種梅子的各個時期：價錢好的時候，一公斤收價可達三十幾塊，價錢差時甚至低到三塊錢，八八風災後則維持十到十一塊。

勤和平台地勢平坦而安全，是部落的原居地；也是八八災後，留鄉族人汛期的庇護所

曾經，依山傍水的環境特色恰恰呼應了當地的區域名稱「桃源」，美麗而吸引人。勤和及相鄰的桃源村，是荖濃溪流域著名的少年溪風景區所在，夏天有冰涼的溪水、冬季可以泡湯，一到假日就遊客如織，很是熱鬧。當地村民主要以種植果樹維生，春天有梅子、夏天有蜜桃、紅肉李跟芒果，秋冬之際則是忙著果樹的剪枝、砍草等工作，生活單純而充實。

然而，二〇〇九年八月八日莫拉克颱風夾帶豪大雨來襲，嚴重破壞這樣的景緻與生活節奏，取而代之的，是河床中幾乎與道路等高的淤泥、雨季動輒中斷的聯外道路，以及持續進行中的山壁邊坡強化工程。如今，災後四年，環境修復還在緩步地進行著。回鄉的村民決定組織重建協會，致力各項工作，爭取民間團體的協助，在祖先選擇之地「勤和平台」搭建公共避難屋及家戶型的避難工寮，作為汛期的避難災所。

環境的修復需要時間，村落的重建及村民生計恢復，更需要時間與新的可能。

居住在高山的布農族人世代以務農維生，傳統的游耕方式有地力循環、水土保持的優點，四時耕作、狩獵也自有節奏。從日治時期開始，因治理及南洋戰事軍糧的需求，布農族人被迫遷移到地勢平坦處並進行水田的開墾；接著，國民政府於一九四〇至五〇年代開始進行的山地生活改進運動及山地育苗、造林運動，及八〇年代開始推廣的夏季蔬菜及果樹種植等政策，一步步改變了布農族人自足共享的經濟及生產方式——由游耕轉為定耕及商業化農業，朝向市場經濟發展。

遍植桃源山區的青梅，是山區農業轉向市場經濟作物發展的典型代表。青梅主要種在中央山脈兩側二百到一千五百公尺高的山坡地，是台灣山坡地重要果樹

之一。風災前，高雄桃源地區是僅次於南投信義鄉的第二大產區。

尋找災後部落產業的新出路

現年四十多歲、從小跟著父母務農的秋櫻，恰好見證了台灣山區農業的發展。她十幾歲就跟著父母種油桐、生薑，到林務局的林班地砍草，十六、七歲時跟著大人到南投打梅子，二十幾歲開始自己種青梅、跟農會契作飼料玉米，也種過台東李、紅肉李等。她回憶，市場需求成了種作的主要考量，傳統生活與祭典最重要的作物小米，反而很久沒有種植。

八八風災後，當地大規模種植的經濟果樹，加上仰賴盤商收購的農業生產結構，更受到考驗。脆弱的山壁邊坡，遇到大雨隨時有崩塌路斷的危險，非常不利於

沿著山坡種植的青梅，採收時是耐力與腳力的考驗

年輕人與婦女們埋首學習加工，要從梅子開始發展社區產業

青果的集貨與運輸。因此，在地的理斷牧師與部分留鄉的農友開始發想梅子加工的可能，尋找災後部落產業的新出路。

二〇〇九年底，在高雄旗美社區大學的協助與引介下，浩然基金會與台灣農村陣線組成的輔導團隊，和農友們召開了第一次討論會。當時有部分農友認為災後的安頓、汛期避難屋都還在混亂不明的階段，談產業發展會不會太快？現任桃源香梅手作坊重要幹部的 Savi 回想，當時自己是抱持猶豫的態度，現在則可以說是「愛死了梅子加工了」，她可愛而坦率地說。

當時，多數農友對於發展加工仍然陌生或有質疑，也為

田間學堂—果園的管理

加工坊承租作為公田的梅子園，田間管理不使用農藥與除草劑，採用人工砍草的方式，僅施用少量的肥。農友 Savi 表示早期種梅子，因為要漂亮所以打黑斑的藥漂白（指防治病蟲害的農藥），地上也會使用除草劑殺草。但長期用藥的結果是石頭裸露，一下大雨，土壤就容易被沖刷掉。自從改用人工砍草後，發覺石頭比較沒有那麼多，因為被草覆蓋住了；土壤有了生命力，對果樹的濕度涵養也有幫助。這樣管理的梅子，相較以往反而長得更漂亮，果粒也較大。

了紓緩災後半年多來的緊繃情緒，二〇一〇年二月，基金會安排了一次參訪之旅，邀請農友們到南投水里地區參觀家庭式梅子加工廠的經營，及信義鄉農會自有品牌「梅子夢工廠」的發展過程，同時也與當地農友交流請益梅園有機管理與資材使用的經驗。

轉型友善農業，發展地方品牌

這一次的旅程，讓農友對青梅加工有了比較具體的想像，於是同年三月下旬，青梅進入採收時節，透過旗美社區大學協助開設的一系列學習課程，以及鄰近的六龜龍山農場吳崇富先生慷慨傳授的

田間學堂—竿打梅

「竿打梅」是傳統收集梅子的方式。採收的時候，農友們先在地上交疊鋪上紗網，然後手持竹竿，敲擊枝幹，瞬間梅子就會像落雨一樣，繽紛落下，綠色的梅子落在紗網上，煞是好看。但其實竿打梅是很需要體力跟經驗的勞動，比較高處的梅子，還需要爬到樹幹上才打得到。同時，因為要鋪網、收網、篩落枝葉等，採梅的時候就需要成群，農友們或以換工或以僱工的方式進行。

這樣的採收方式主要是因為梅子量大，打落再收集的方式較省時，但缺點是竿打的梅子，或多或少表面會有受損，打下來之後便要趕快集貨運出。因此，在梅子的產季，下午農友就會把一袋袋的梅子集中在南橫公路旁，等待運送的大貨車來收，這是梅季時特有的景象。

農友會議及資源共管是加工坊運作的重要基礎，長遠的發展就從大大大小小的討論開始

加工技法，農友們組成加工班，在邊學邊做中完成了第一批加工品，包括梅精、脆梅、Q梅跟梅醬，並在各界朋友及公司行號中秋禮盒的採購支持下，大致售罄。這樣的成績，讓農友有信心持續第二年的生產至今。

發展加工之餘，八八風災的警鐘，也讓農友們意識到長期生計的發展與環境修復密不可分，因此在青梅的挑選上，不施用農藥和除草劑的梅園是優先的選擇。為求慎重起見，更將採收的青梅送至屏東科技大學進行農藥殘留的檢驗，確認無農藥殘留。同時，加工坊也以高於盤商收購的價錢，手採梅每公斤十八元向農友購買，雖然初期數量很少，但負責行政運作的秋芬說，「希望透過這樣的方式，可以慢慢影響還在打農藥跟草藥（除草劑）的族人作轉變」。

即使面臨諸多困難與挑戰，由農友們共同討論構思的地方品牌「桃源香梅」邁開了步伐，決定從當地盛產的梅子發展無毒農產加工品，作為部落生計重建的方向，要靠自己的努力重新站起來；也希望未來消費者可以透過「桃源香梅」來認識自己的家鄉——台灣第二大的梅子產區。這是一開始在討論品牌命名的時，就由農友主動提出與強調的精神。

以婦女為核心的社區工坊、部落照顧

支持農友轉型的「小農復耕」計畫，目標在培力農友團隊自我組織與再生產的能力，農友合作組織與資源共管，則是過程中重要的原則。因此，除了加工學習，舉凡品牌命名與包裝設計、公基金的管理、加工坊的建置與小型加工機械的採買、以及工坊的常態運作與經營，農友的參與都是關鍵，也慢慢形成以婦女為核心的小組，分工張羅工坊的各項工作。但這樣的發展並不容易，資源分配的問題，一直牽動著部落內部的張力與人際互動，合作與公共性總是在共同的勞動中被挑戰、互相折衝、

婦女是加工坊的主力，從採梅到醃製的細工都難不倒她們

田間學堂—部落媽媽的青梅手藝

醃脆梅：醃製加工品不同於田間的農務，程序繁複且相對細工。對於習慣在田裡大動作砍草、剪枝、打梅子等勞務的布農婦女來說，製作梅子加工品是細工的挑戰，醃製脆梅的步驟更是繁複。從手採六至七分熟的青梅開始，接著要輕敲破果、揉製粗鹽、漂洗去澀、脫乾水份，一連串工序後，還要隨時觀察變化、更換不同比例的糖水三次，才能完成爽口的脆梅。

熬梅精：熬煮梅精也是費心費力的工作。為了在青梅採收後最新鮮的時間製作，農友一早就要到梅園打梅子，下午立刻將梅子去除雜枝並清洗、榨取青梅汁，傍晚開始不停火地熬煮。帶著寒意的勤和平台四月天夜裡，在熬煮梅精的夜晚，婦女們常常在工坊裡一邊顧著大鍋一邊聊天，直到深夜才離開，留下負責守夜的人。Savi 笑著說，「有一次負責守夜，當天晚上除了我和先生，還有讀小學的兩個女兒跟家裡的狗兒，也都一起到工坊睡覺。」其實，也是可以放著鍋爐，開最小火或先熄火隔天再煮，但大家還是堅持守著最好。通常要一直忙到隔天下午，看到熬煮完成的梅精顏色黑亮而帶有光澤，才能真正鬆口氣。

除了脆梅跟梅精，Q梅與梅果醬的製作也都需要時間和講究。八分熟的青梅採收後，要先用鹽軟化，之後撈起，鋪放在曬盤上風乾，再加糖放入甕中醃製，耐心等待，才能換來Q梅熟成的風味與香氣；梅醬則是在梅季末期，採收枝頭上黃熟梅子加糖熬煮而成，濃郁的果香與一般的果醬很不同。

然後得以慢慢前進。

秋芬、秋櫻、秀英回想起二〇一二年經歷的困難與挫折。當時有部落長輩對工坊的運作及農友的參與有疑慮，爭論中，甚至擾起了過往的家族糾紛和重建過程中的緊張與摩擦。「最難過的時候，哭過、吵過，也想要放棄過」，持續參與工坊運作的秋櫻（Umav）說到這段過往，還是相當難過。「也許先低調，再來想辦法」，秋芬當時相對冷靜地分析。於是在工坊獨立運作的交接期，婦女也同時討論後續的參與機制，強調「社區工坊」的運作定位。二〇一三年八月份並舉辦「米如呼實踐獎學金計畫」，鼓勵學童提出「部落照顧」的行動方案，希冀從共同關心的事務中，慢慢修復關係。

我們要靠自己的力量站起來！

走過四年，是媽媽們的韌性，支撐著桃源香梅手作坊的運作。二〇一三年開始，手作坊承載先前的能量與資源，正式開始獨立運作了。

手作坊主力是一群堅毅的女性，以及支持她們無畏向前行的家人。杜高秀英（Savi）、吳秋芬（Lau）、吳秋櫻（Umav）、曾淑賢（Agus），是踏實勤勞的媽媽，也是永遠懷抱希望的夢想家。

穩重的秀英從小務農，八八風災後開始學習梅子加工，是加工坊的重要幹部。她希望可以把加

強韌又溫柔的媽媽們，用心守護工坊的未來　攝影 / 吳光禎

工坊經營起來，讓更多有工作需要的婦女可以在這裡工作。杜拉隆大哥是秀英的先生，起初對加工坊的運作還有遲疑，漸漸地看到婦女們的努力，現在是秀英最安定的支持力量，也持續參與加工坊的工作。

喜歡種東西、農務經驗豐富的秋櫻，希望可以多種一些原生植物，復育生態，慢慢發展生態觀光。淑賢是秋櫻的女兒、也是一個孩子的媽媽，平日在兒童課輔班安排大小孩子們課後活動，加工期則幫著媽媽阿姨們準備就緒，產品開發、設計美感，她總能適時提供年輕人的想法。

說話柔和、凡事總會多想一點的秋芬，年輕時候在地方民間團體工作，後來專心在家教部落的孩子們彈琴。參與加工坊之後，希望能做大家的後盾，穩健地支持工坊各項行政工作及外部溝通。

部落媽媽們承擔了更多的責任，產品開發和通路拓展是持續的挑戰。面對未來，雖然還有擔心卻也篤定，如同秀英所說「我們要靠自己的力量站起來」，秋芬也說「沒有浩然基金會的資源後，我們要看看自己能夠承擔多少？」

儘管村落內仍有複雜難解的互動磨合問題要面對、雨季永遠有路斷的危險，但幾位投入很深的部落媽媽們，從來沒有放棄！箇中滋味就像枝頭上青澀的梅子，要經過鹽漬、糖化、熬煮，才能產生醇厚的風味——她們正沉浸其中，深刻感受。

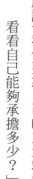

小農最前線——

1 吳秋櫻 Umav

特徵：爬高、負重、開小貨卡都難不倒她，喜歡務農，喜歡自給自足的生活。

2 杜高秀英 Savi

特徵：勤奮耐勞、蒙面帽跟打檔機車是田間工作的必備工具，喜歡土地，看著自然的環境就覺得很舒服很幸福。

3 吳秋芬 Lau

特徵：秀氣溫和的鋼琴老師，穩健地撐起工坊的行政工作，瞻前顧後，跟著大家一起打拼！

4 曾淑賢 Agus

特徵：有想法的年輕人，八八水災後回到村子裡，跟著媽媽阿姨們一起努力，希望故鄉不只是童年的回憶，也是安老的地方！

來和小農做朋友

桃源香梅米如呼手作坊

農人ㄟ心內話：「工坊讓我們能夠守住這個地方，守住我們的家園。」

吳秋櫻 Umav

從小到現在都一直在務農，我覺得是先苦後樂，而且作農有一種成語可以形容，「少壯不努力，老大徒傷悲」。因為種這個果樹，你要在你很有體力的青壯年的時候要種，如果當時二十幾歲很懶惰，現在哪有這個收成。而且種果樹要好幾十年的那個功夫在那邊。我很喜歡現在的生活。我一直都在鄉下長大，比較快樂就是自給自足啦！自己種下去的東西，從種下去，然後長大、開花、結果，我覺得那個是很快樂、滿足，本身也吃得很安心啦！我喜歡種那些原生種的豆類、瓜類之類的種子。我盡量都是用以前那個原生種的菜類保種，有時候我們也會跟隔壁村互相交換一些我們已經沒有了、失去的種子啊。我今年剛好有找到一種豆，已經消失好幾年了，去年下雨沖刷之後，突然有那個豆，我想說「這個奇怪，是

年齡：47 歲／務農年資：從小務農，農務經歷 30 幾年
家中人口：秋櫻及 4 個孩子
農場規模：梅子園、李子園，約 10 幾甲
耕作特色：梅子園大約 10 年不用殺草劑及農藥，以人工砍草，僅施用少量肥料

什麼豆子？」，原來是我們在山上已經消失很多年的豆子。上次有聽過「農民保種」的課，原來大地也有保種的自然生態的功能。

杜高秀英 Savi

我非常喜歡土地，我愛上了土地。以前是好像非常的勞累，可是現在作農好像是比較輕鬆，以前什麼什麼都要打藥，什麼都要，好像累死人了，現在就輕鬆了，那個時間上，還有那個體力都有差啦！像我們以前一年打兩次草藥，我們是不想看到那個草在那個果園裡面，後來發現到那個土質越來越硬，如果你常常打藥，那個土質越來越硬，你沒有打（藥）的時候，草的那個根會抓住那個濕氣，所以那個土質會有一點潮濕潮濕那樣。開始做梅子加工後，發現原來梅子還可以做那麼多的東西，很有成就感。有了工坊以後，像我們這些一起做事的人，我們都不會說要賺到什麼錢，可是我們看見的是，這個東西是實際的，而且又是健康的東西，賺不賺錢那個是其次啦，重點是看得見這個東西是會幫助別人。

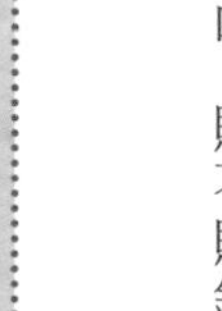

年齡：44 歲
務農年資：從小務農，農務經歷 30 幾年
家中人口：夫妻及 4 個孩子
農場規模：梅子園、芒果園及愛玉，約 10 幾甲
耕作特色：人工砍草，無毒管理

農家上菜

01 香梅芋排

芋頭跟肉類都是布農族人餐桌上很重要的食材。芋頭，傳統的吃法是水煮後沾鹽巴吃或是加入大鍋菜一起烹煮，鬆軟的口感又有飽足感是重要的澱粉來源。善於狩獵的布農族人也善於料理肉類，傳統的食用方式是以燒烤為主，優異的烤豬技術跟風味，吃過的人都很難忘懷！至於梅子的食用，原非布農族人日常飲食的一部份，儘管部落種植青梅的歷史有三四十年，但多是以青梅原料交給中盤商，梅子的醃漬加工是八八水災後才開始的新學習與發展。這一道香梅芋排讓傳統食材有了新滋味，也隱含了災後留在原鄉媽媽們的心願，希望在部落裡找到未來發展的方向跟可能。

材料： 排骨、三種芋頭，兩種為原生種芋頭(daluhaing)，另一種為傳入的甲仙芋（均為農友自家菜園所種植）、蔥、薑（磨泥）

調味料： 米酒、Q梅與醬汁、鹽巴、豆豉（也可不加）、糖、水

步驟：

1. 起油鍋，先炸排骨跟芋頭
2. 撈起芋頭及排骨備用。炒菜鍋中放入水、少許米酒、鹽巴、糖、Q梅醬汁、薑泥及豆豉拌炒後，再將芋頭跟排骨放入，待湯汁小滾均勻後，放入電鍋燉煮，外鍋約放2杯水。
3. 燉煮完畢，起鍋之際，加入少許蔥花，滋味及視覺更佳。

秘訣： 燉煮過後的原生種小芋頭口感Q軟而綿密，肉香、芋香充分入味，略帶梅果酸甜滋味的湯汁，拌飯，會讓人忍不住多吃一碗。

02 桔香梅子雞

一邊示範雞肉料理，媽媽們也笑談起小時候家裡養雞並不會把雞圈養起來，真的就是放山雞，讓雞自由地四處散步啄食。但結果就是要抓雞來宰殺的時候，需要經過一番奮戰，抓不到雞的時候還會生氣呢，媽媽們說著說著忍不住笑場。

材料：自家放養的雞、蔥末、薑片

醃料：米酒、薑末、鹽巴

調味料：梅醬、Q 梅及醬汁、太白粉水、金桔皮

步驟：

1. 早上宰殺的雞，剁成小塊，拌入鹽、薑末、米酒，稍微抓一下，醃製 1-2 小時備用
2. 起油鍋，將雞肉炸熟後，撈起
3. 油適量，爆香薑片後，放入梅醬、Q 梅醬汁、適量的水及少許米酒，拌勻後，放入雞塊拌炒均勻，倒入少許太白粉水勾芡後，即可準備起鍋。
4. 起鍋前，灑上蔥花，及少量的現磨金桔皮，更添香氣。
5. 梅醬跟 Q 梅醬汁的多寡，視喜好而定。如果喜歡酸味重，Q 梅醬汁建議多放；喜歡比較甜口果香重者，果醬的比例則可以多一點。

秘訣：薑是部落料理中很重要的辛香料。食薑不僅能去寒，在夏天也能排汗降溫、改善疲勞跟食慾不振，還有預防細菌滋長，避免腸胃炎的功效。這些食薑的好處，部落的朋友們從身體的經驗中早就熟悉，因此傳統的料理，凡事加塊薑準沒錯。

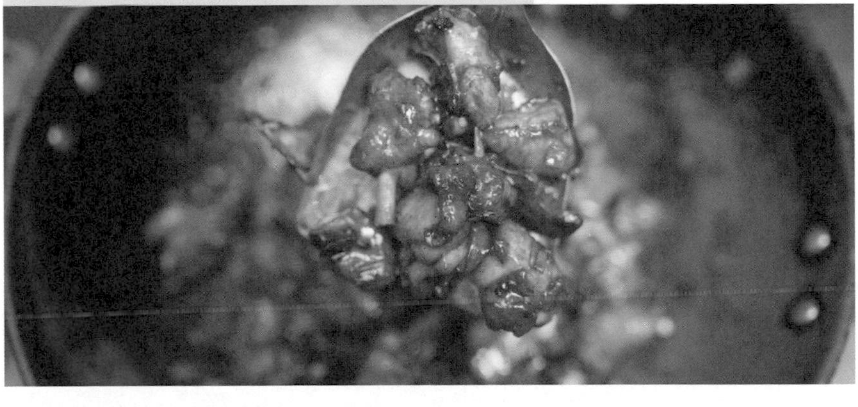

03 山胡椒三層肉二吃

豬肉料理好吃的關鍵，首要是前期的醃製，第二是食用時的沾料，看似平常的炸三層肉最能顯出功力。秋櫻的秘訣是自製的山胡椒鹽，布農族語稱為 haimus 的山胡椒，成熟的果實呈黑色，洗乾淨、曬乾後，加鹽就能長時間保存，味道類似胡椒跟薑的綜合，特有的香氣是很好的調味香料。

材料：豬肉、蔥、薑

醃料：山胡椒 (haimus)、鹽、米酒、薑末

調味料：Q 梅及醬汁、糖、甜麵醬、米酒、鹽

步驟：

1. 豬肉先以山胡椒、鹽、米酒及薑末醃製至少 2 小時。如果能前一晚就先醃好，隔天要料理時，就能非常入味。
2. 將醃製好的三層肉下鍋，大火炸熟後，備用
3. 調製沾醬。將薑末稍微炒過後，放入一碗水及適量的 Q 梅與醬汁，煮滾後，加鹽、糖各一小匙提味，再加入一匙甜麵醬增加稠度及風味（視個人喜愛，也可不加），最後撒入蔥花，拌炒兩下，即可熄火，盛起。
4. 豬肉切薄片，盛盤，一半淋上沾醬，另一半原味，直接沾山胡椒鹽食用。

秘訣：煮湯、醃肉拌入一點山胡椒，就能大大提升風味。秋櫻特別推薦吃肉類料理的時候一定要沾點山胡椒鹽，提味又解膩。

04 原鄉梅醬沙拉

這是一道美濃白玉蘿蔔的即興創作。梅醬很適合涼拌沙拉，這是加工坊開始經營後，大家嘗試各種產品新吃法的心得。簡單的沾小黃瓜，涼拌雞絲，都能為食材提味加分。十一月底，適逢美濃白玉蘿蔔產季，我們提了一袋可愛小巧的蘿蔔上山跟大姐們分享。秀英看了一下蘿蔔，馬上說，我們來做涼拌菜吧！於是有了這一道驚喜。搭配一桌的肉類料理，這道沙拉充分發揮清爽解膩的效果，搭配山上現採的小蕃茄，連顏色都很清新。

材料： 白玉蘿蔔、紅蘿蔔、洋蔥、野生小蕃茄、薑末

調味料： 梅醬、和風沙拉醬

步驟：

1. 白玉蘿蔔切薄片，揉鹽殺青，大約半小時後用水洗去鹽味
2. 紅蘿蔔及洋蔥切絲
3. 涼拌沙拉，將白玉蘿蔔、紅蘿蔔及洋蔥絲放入大碗中，拌入和風醬、梅醬及一點薑末，用筷子拌勻，即可盛盤。
4. 盛盤後的沙拉上，再隨意的灑上野生小蕃茄，一起食用。視覺跟味覺都是滿足。

秘訣： 白玉蘿蔔口感清甜細緻，充滿濃郁的蘿蔔香，不用削皮，殺青後的蘿蔔片爽脆且不會有青澀味，極為好吃。

3 雲林水林——水賊林，向新農業的航道前進！

文／李威寰 攝影／連偉志

「水賊林友善土地組合」，由二位返鄉務農的中年魅力男子，與二位在地資深農夫組成。在慣行農業盛行的西部平原，水賊林以友善土地的方式種植水稻和蔬菜，收穫了美好的田間生態；更嘗試復育台灣沒落已久的雜糧種植，挑戰高度依賴進口的「黃小玉」！他們以無比的勇氣和堅持，向新農業的航道前進！

雲林縣水林鄉的小農復耕團隊，為自己取了一個特別的名字：「水賊林友善土地組合」。稱自己作「賊」，可說是相當少見的命名方式。如此自稱其實是有在地脈絡的。

當地傳說中，明朝末年的大海賊顏思齊登陸台灣時，就是在北港、水林的交界附近上岸。時至今日，水林鄉還有名為顏厝寮的村子，水林舊名水燦林，可能即是台語「水賊林」之音譯，這是關於此名的歷史掌故。「友善土地」則透露成員們對友善耕作的堅持，也是他們參加小農復耕計畫的宗旨。既然能讓海賊登陸，可見這裡廣大的平原，受到北港溪千百年的眷顧，年復一年地堆積，成就了這片沃土。如今雖然早就不見大船入港，卻已傳承了十幾代的農村文化與辛勤耕種的農人。

小農風土誌

地理環境：

水林位於雲林縣西南角，西邊是口湖鄉，東邊是北港鎮，南邊隔著北港溪與嘉義相鄰。這裡屬於雲嘉平原的一部分，地勢平坦。春夏兩季較無颱風威脅，秋冬兩季雨量則偏少。

生產條件：

台灣西部平原由於工業發展，大量消耗水資源，所以普遍有農、工搶水的問題，農業部門的缺水狀況相當嚴重。尤其西部平原四季雨量分配不均，春季需水量大的時候，灌溉系統總是供不應求。

特色作物：

水林鄉春夏主要種植水稻，秋冬則以蕃薯為大宗，最主要種植的台農57號，滋味極為香甜且肉質金黃，品質很好，所以水林也獲得了「蕃薯的故鄉」美譽。水林位於濁水溪下游沖積平原，濁水溪帶來的沃土，加上當地三四年週期性的海水倒灌，使得土壤略帶鹽分，此種土壤最適合種蕃薯。此外，蕃薯生長在乾旱的秋冬季節，受到東北季風吹襲，因此當地蕃薯的甜度高，特別香Q好吃。

田間學堂－黃小玉

黃豆、小麥、玉米三樣作物，是國際糧食貿易的大宗，也是台灣進口農產品的前三名。自一九六〇年代以後，台灣接受美國傾銷的大量農產品，台灣的雜糧耕作面積大幅減少，七〇年代以後，台灣雜糧的耕作面積從四十五萬公頃降低到六萬公頃。

以雜糧復耕，對抗「黃小玉」進口危機

雲林的農業普遍存在缺水的問題，幾乎每塊田都有鑿井抽取地下水，主要還是因為雨量分配不均，北港溪、濁水溪等大河又被工業區搶水。儘管如此，雲嘉平原位於台灣西部的中南段，氣候條件與南部、東部比較起來，仍可說是得天獨厚。因為有中央山脈作屏障，所以夏秋兩季時，颱風通常影響不大，水稻比較沒有倒伏危機；因為平原遼闊，東北季風帶來的水氣不易堆積，所以冬春兩季時，雨量不豐，適合種植雜糧作物，例如小麥、黃豆、黑豆等冬季裡作，能夠減少生產過程的風險。

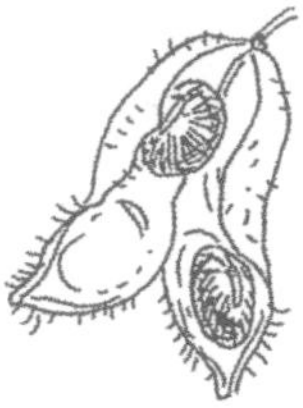

正因水林有其適合種植雜糧作物的自然環境，遂突顯出它在小農復耕計畫中的特殊性：台灣的糧食自給率偏低，這是眾所皆知的，究其原因，快速開放的農業市場、嚴

黑豆，是水賊林雜糧復耕的第一步，也連結了兩代農友的田間記憶與經驗

日曬米是農友的堅持也是考驗，要隨時注意天氣的變化，穀粒曬乾了才能鬆口氣　攝影 / 蔡得黃

重失衡的全球自由貿易架構，當然有其關鍵的影響力，而國人飲食習慣改變，對米食的需求量降低，也是由前兩者派生而來的重要因素。人稱「黃小玉」的黃豆、小麥、玉米幾乎是台灣進口糧食的前三名，如果能成功推動雜糧復耕，鼓勵國人使用國產雜糧，對於提昇台灣糧食自給率是有幫助的，所以這也是小農復耕計畫在水林的重點目標。

然而對水賊林團隊的成員來說，雜糧復耕固然有其意義，但更重要的卻是一份更原始的熱忱，希望與家鄉土地共存共榮。

轉業返鄉：菜刀的新農之路

「水賊林」這個名字的意義，除了有其地方脈絡之外，若由團隊自己來說的話，就有一番更生動的象徵：他們雖然只是幾個「成熟」的中年男子，卻仍然有著即使中年轉業

水賊林的壯志，友善耕作的最終理想是跟家鄉土地共存共榮

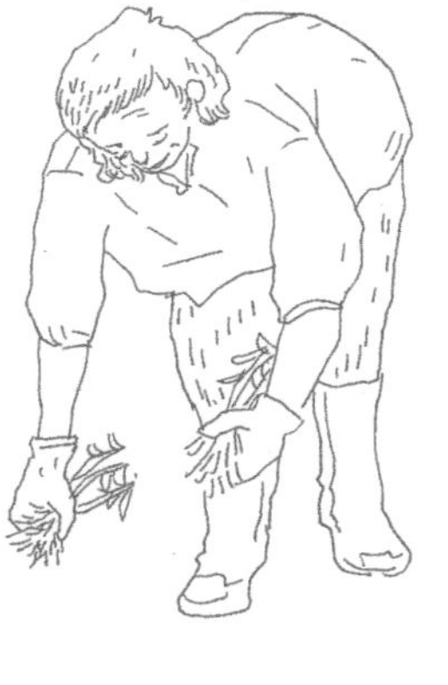

也不害怕的海賊般的豪情壯志！看起來，他們大概也在心中發誓要成為台灣新一代農業界的海賊王吧！這股創業的勇氣，是他們年少至今不曾停歇的熱血沸騰著。

人稱菜刀的蔡得黃，是水賊林團隊中最早與浩然基金會接觸的成員，小農復耕計畫在水林的初步構想，也是他與基金會共同討論出來的。蔡佳旺，也是水賊林的原始班底，更是水賊林公田與溫室管理的重要人物；紀漢庭，是菜刀、蔡佳旺認識多年的好朋友，目前也投入生產友善耕作的蔬菜，支援團隊供應社區家庭蔬菜的業務；阿水伯比菜刀等人還長了一輩，也是新近加入的農民，他有五十幾年的務農資歷，就農業知識而言，可說是團隊中博士級的人物。

菜刀原本從事有線電視事業，從只有幾個人的小公司開始，接線、客服樣樣自己來，做到後來也小有規模。幾年前覺得台灣的經濟環境每況愈下，自己又懷念家鄉的風土環境，於是毅然決定轉業，回鄉從事農業。剛回來的時候，先試種了一期慣行稻作，但是因為土地不夠大，種稻的利潤太少，於是搭起溫室，改種外銷日本的洋桔梗。洋桔梗的利潤不錯，唯一的問題就是一定要噴農藥，才能防止病蟲害，肥料也要下足，否則洋桔梗的生長便不漂亮。

田間學堂｜社區支持型農業

英文名稱是Community Supported Agriculture，簡稱CSA。是指一個由鄰近社區的生產者與消費者共同組成的合作組織。生產者定期將產品銷售給社區中約定的消費者，不需經過遠距離運送，可降低運輸成本與能源耗損、保證產品的新鮮度；對生產者來說，也能減少產品滯銷的機率。有些CSA組織，還會強調所有成員共同參與作物的生產，自產自銷。

田間學堂─半農半X

半農半X，是由日本作家塩見直紀提出的概念。鼓勵人們從事小規模農耕（半農），種植稻米、蔬果等作物，自耕自食，藉以取得安全的食物；在農耕以外的時間，則可以發揮自己的天賦，或從事自己的專業（半X），以獲得生活中其他的物質所需。塩見直紀認為，在這個工商業過度發展的時代，安全食物的來源是一個嚴重的問題，人類的心靈危機與經濟危機不相上下；半農半X的生活型態，可能將成為新世紀的出路。

號召有志農夫「一生至少要當一次傻瓜」！

返鄉一年後，菜刀漸漸覺得這不是他理想中的生產方式，他常常在田邊拍照，除了作田間紀錄之外，也喜歡觀察一些動物生態。但是他總是在撒完農藥後，發現動物的屍體，有一次他驚喜地見到稀有鳥類來田裡作客，隔天卻發現牠死在田邊。

所以菜刀開始想，慣行農法對土地、生態與農民健康都有傷害，何不換個作法？他又想起以前參加「笨港讀書會」時看過的兩本書：日本木村阿公的《一生至少要當一次傻瓜》和塩見直紀的《半農半X的生活》，這兩本書的理念使他深深感動，於是漸漸興起實行友善農法的念頭。浩然基金會剛好在此時與菜刀接觸，希望一起合作執行小農復耕計畫，所以菜刀總是用「一拍即合」形容基金會與自己初次接觸的情形。

蔡佳旺是北港人，原本就在菜刀的公司工作，兩人也是相識多年的好友，這次兩人轉業返鄉，剛開始也一起種洋桔梗。目前水賊林以溫室栽培美濃瓜為主力作物，蔡佳旺也努力投入，慢慢摸索田間管理的竅門。

紀漢庭、阿水伯一直留在水林生活，兩人從小就有務農經驗，農業知識比菜刀、蔡佳旺豐富得多。起初他們並不看好水賊林的友善農法，認為這種作法產量太少、賣相也不太佳，所以收益一定不符成本。經過一年半的觀察，基金會與水賊林的合作模式似乎也漸漸走出一個方向，無論是種黑豆或香米，基金會的資源確實給草創期的水賊林幫助很大，有希望開啟穩定的產銷通路。兩位資深農夫也一前一後加入了水賊林的行列，覺得這可能是發展新一代農業的轉機：如果能保護生產環境與生產者，又能得到合理利潤，當然比消耗大量資材的慣行農業來得划算！

喜歡自然生態的菜刀，看到慣行農法對土地、生態跟農民健康的傷害而深感不安；雖然還是農業的生手，卻更加堅定要當個與環境共存的傻瓜、好好務農！

在田裡放養鴨子，幫忙啄食害蟲跟抑制雜草生長外，受損的瓜果也成為鴨子的大餐。生態的田野裡沒有一絲的浪費

憑著多年的務農經驗，現在阿水伯的黑豆田，顧得非常漂亮，不撒農藥、除草劑，以自然的方式管理，他的表現看起來比菜刀他們還得心應手呢！紀漢庭的菜園雖然不大，仍足以每週供應蔬菜給訂戶，還在菜園旁養了幾隻雞鴨，用粗糠來餵牠們，所以又成了水賊林團隊自己的友善雞肉供應者。

田間生態是農人最好的回報

菜刀本來就喜歡戶外活動，對大自然的美好也有所領略。合作的第一年，某天晚上心情不好，喝了點酒，到公田邊散心，本來打算在田邊睡了，結果竟然被蛙鳴聲吵得睡不著。心想「奇怪，酒都喝了怎麼還能被吵得睡不著」，於是走到慣行農法的鄰近田區聽聽看，那時的稻子差不多已經結穗了，他發現鄰田竟然一片安靜，只有隔著溫室的公田傳來的蛙鳴聲。

在那深夜，廣闊田野吹來的涼風，似乎帶來一點希望，安撫了他難以言喻的複雜情緒。

還有另一種感動，來自生態循環之中。水賊林在公田也嘗試過養鴨，這些鴨子的食物不是飼料，而是那些賣相不好的小黃瓜、爛掉的美濃瓜，甚至是家裡過期的食物或廚餘之類。以前農人對於丟掉食物總覺得有種罪惡感，現在只要把這些食物交給鴨子處理就好了，鴨子也會

除了稻作以外，農友也種植瓜果，以提高作物的多樣性

田間學堂─公田

以小農復耕的基金租地，作為本計畫的實驗田，支出、收入都屬於公基金，而非特定小農。公田制度設立的初衷，是為復耕團隊提供一個風險最低的投入方式，公田的盈虧由基金會負擔，農民負責田間工作，可以放心地嘗試友善環境的田間照顧方式。對農民來說，公田制度是一個試營運的過程，透過公田制度，農民與基金會的合作門檻也可以降低，為復耕團隊未來的獨立運作奠定基礎。

幫忙吃掉一些田裡的害蟲或草類。

公田裡凡事都是新的嘗試，這群農夫保持開放而樂觀的態度，隨時交流自己的觀察。

手牽手，建立社區農業的支持系統

水賊林團隊在復耕計畫中遇到的困難，有時是友善農法方面的技術問題，因為菜刀與蔡佳旺都是農業新手、經驗較不足，所以許多田間知識都需要向他人請益，但是透過長期的田間觀察，每次巡田的時候都累積一些經驗，應該可以慢慢克服。另一個重要問題是尋找穩定的通路，雖然透過彎腰市集、網路行銷等方式擴展知名度，有了一個初步的進展，但市集位在台北，距離遙遠而不符成本；網路行銷如果沒有專門的經營手法或技術，熱度一過，收益就相當有限。

透過固定的家庭配菜，水賊們希望跟在地的消費者成為相互支持的好伙伴，守護彼此的健康跟土地的生機

如何找到穩定的通路，不只是水賊林團隊的問題，也是其他友善耕作農民的重要問題。水賊林目前嘗試的是近距離的社區型蔬菜配送，以家戶為單位，固定為各個家庭配送新鮮蔬菜，每週一至三次，既可使消費者吃到新鮮的無毒蔬菜，也節省運輸成本，對產銷兩方面都有正面效益。他們也在思考，是否可能就近在水林街上開設實體店鋪？跳過果菜市場等大盤、中盤的抽成，自己賣自己種的健康蔬菜，還能拓展訂菜家庭以外的新客源。

在自主的努力下，水賊林團隊的雜糧復耕計畫、社區支持型農業逐一開展，這群中年水賊走著穩紮穩打的步伐，向偉大的新農業航道前進！

田間學堂｜農具小蜜蜂

溫室裡的美濃瓜或是公田裡的黑豆，常常需要人工除草，這是一件很累人的工作。要長時間以蹲坐的姿勢移動，雙腳很快就累了；如果坐板凳，要移動時還得扶著板凳，雖然是小動作，但是長時間的田間勞動下來，無形中也增加不少體力消耗。蔡佳旺發明了「小蜜蜂」，長得像板凳，但是只有中央一隻腳，坐在地上時可以「運轉自如」，用彈力繩繫在腰間，可以隨身移動，看起來就像屁股長根刺的小蜜蜂一樣，是水賊林節省體力的好幫手！

小農最前線——

1

蔡得黃（菜刀）

特徵：「先種下去再說吧」！勇於嘗試的熱血，雖然常常被唸，卻也因為開放的態度跟傻勁，讓同伴願意相挺，一起當傻瓜！

2

紀金水（阿水伯）

特徵：50幾年的農務經驗，是團隊中的博士級人物。作到底的決心跟不服輸的個性，種出來的無毒米跟黑豆，質量都是團隊中的第一名，果然薑是老的辣！

3 紀漢庭

特徵：自稱「小時候做到怕」，所以現在不敢專職務農！是型男新農們的最佳督工。行動相挺，經營一方開心農場，種菜養雞，供應水賊林團隊的社區家庭蔬菜配送。

4 蔡佳旺（鳥仔）

特徵：懷抱自給自足生活夢想！喜歡設計及改造工具，是水賊林的田間小工具發明者，在田間移動自如的「小蜜蜂」板凳就是他的巧思！

蔡得黃（菜刀）

農人ㄟ心內話：「當我去田裡，聞到早晨涼爽的空氣，聽到清脆的鳥叫聲，感受那氛圍，我知道這條路是對的！」

我是水林人，家裡有田，但從小沒有什麼務農經驗。年輕的時候出社會，是先作有線電視的生意，作了好幾年，後來有去東埔寨發展過，幾年前決定回台灣從事農業。

會想要回來作農，主要還是因為自己喜歡自然環境，加上以前也看過一些有關農業的書，心裡對農業其實也有一點嚮往。總之，後來感覺經濟大環境越來越壞，所以想說乾脆回家種田。

我們家的田一直都是我舅舅在種，他聽說我要回來種田，很高興、很熱烈地把田讓給我來種，但是他也問我一句：「你是種好玩的？還是要當事業來作？」我當然是要當事業來作啊！如果種好玩的，難不成下半輩子要喝西北風過日子？水林是算海線啦，但海風沒有台西或口湖那麼大。

我舅舅那時候是建議，如果要認真種，那至少要種個四、五甲地，這樣才會賺錢。一聽他

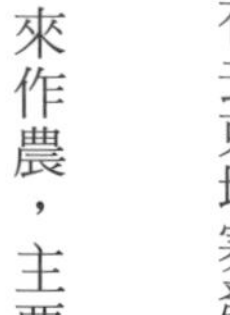

年齡：民國52次／務農年資：4年
家中人口：老婆一人、女兒三人
農場作物：溫室美濃瓜二分；公田二分，輪作稻米、黑豆等作物；玉米田一分；地瓜四分半
耕作特色：無毒栽培

這樣講，是有點被潑冷水的感覺，但是真的開始學之後，也覺得他說的是實話。在慣行農業的市場上，如果沒有四、五甲地的規模，產品的銷售價格大部分都不符成本，根本賺不了錢。

我一開始並沒有想過友善農法這方面的事情，後來慢慢到接觸之後，那種感動是出乎意料的。尤其是看到自己田裡的各種生態，或是晚上吵得人睡不著的青蛙叫，那些慣行的鄰田都沒有，這時的成就感，真是難以言喻！

人家說友善農法的「田間管理」很重要，但我覺得我比較像是「田邊管理」，因為我常常走到田裡巡田，但其實是腦袋空空地走過去又走回來，看不出個所以然，感覺沒什麼事，然後就回來了。以前我舅舅常提醒我什麼時候要噴藥，什麼時候要灑肥料、灑多少？這些我因為沒經驗，所以也都缺少觀察。這對初學者來說真的比較困難，是我比較需要突破的地方。剛好這方面有紀漢庭、阿水伯可以請教，他們的經驗比我豐富很多，雖然有時候講話比較不客氣，可是事後回想，真的收穫良多。

我想農陣和基金會就像是一把火，把我身上本來就有的一些瓦斯點燃，所以我以後想找更多瓦斯罐、或是其他助燃物，大家一起燃燒，這樣火才會旺、才會大。

我對社區支持型農業蠻有興趣的，我覺得這種型態的產銷方式，可以長期地維持消費者與農民之間的關係，不只是買賣，而是像朋友一樣互動。到時候說不定也可以一起討論想吃什麼，然後就種什麼。讓消費者來決定作物種類，讓他們參與生產過程，應該也是蠻有趣的事情。

農家上菜

01 黃豆香米飯

用菜刀家無毒農法栽成的黃豆與香米，煮成黃豆飯，有豆、米混合而成的微甜滋味。黃豆富含纖維可提供飽足感，也可促進腸胃的新陳代謝，不怕吃太多造成身體負擔！

材料：黃豆、米

步驟：

1. 將黃豆泡軟，浸水約1小時。
2. 泡軟之後，將黃豆水倒掉。電鍋另外加水，再與米一起放入煮熟。

秘訣：泡黃豆時，用溫水會比較快。

02 黑糖芋頭饅頭

芋頭來自菜刀朋友的田畝，也是不施用農藥化肥的無毒芋頭。麵粉選用台灣本土小麥製作的喜願白海豚中筋麵粉。黑糖來自黑糖農莊，古法製作，有台灣濃濃的人情味。

材料：芋頭、麵粉、黑糖水、酵母粉

步驟：

1. 黑糖加水磨碎成糖水，放入芋頭，加200cc的水放入果汁機攪拌。
2. 麵粉、芋泥、酵母加水揉成麵團，1000g的麵粉加5g酵母粉。
3. 麵團揉40分鐘，直到不沾手。放入鍋裡醒麵40分鐘，蓋上鍋蓋，防止水分蒸發。
4. 醒好的麵團要再揉一次，約15分鐘。切成喜歡的形狀，放入電鍋炊煮。

秘訣：也可以做南瓜饅頭，只要將芋頭變成南瓜即可。

03 黑豆漿

黑豆是水賊林最早開始嘗試種植的雜糧作物，而選種黑豆的原因則出人意表的單純，那就是農人菜刀想喝無毒的美味黑豆漿！農夫早上起床可以先喝一杯黑豆漿墊胃，工作到八、九點再吃早餐，營養又方便。

材料：黑豆、糖

步驟：

1. 將日曬黑豆洗乾淨。
2. 將黑豆泡軟，浸水 1 小時。（水可留下）
3. 黑豆吸水很快，可視情況加水。
4. 將黑豆與水放入果汁機攪拌，濃稠度、口感可視個人喜好，酌量加水或糖。

秘訣：轉速較低的果汁機，纖維會較多，此屬正常現象，請安心飲用。

04 花生米漿

米漿是台式早餐的特色飲品。菜刀一家都愛吃花生，用朋友種的無毒花生，加上自家香米，以果汁機打成濃稠噴香的米漿，喝了飽足又美味，一天都有精神。

材料：花生、米

步驟：

1. 看個人需求，可將花生去膜，不去膜亦可。（因為花生膜富含凝血物質，有心血管疾病者不宜食用）
2. 將白飯、花生、水加入高速果汁機攪拌。水量可視個人喜好，調整濃稠度。

秘訣：一般果汁機可用花生粉，或是將花生分兩次打。

05 焢番薯

一月中旬新收成的蕃薯，採收後要放置數天，等待「消水」，這樣的蕃薯烤後滋味才會更濃郁香Q！——阿水伯一邊說，一邊操作著自製的專業烤爐，講究的程度一如他的工作態度。阿水伯年輕時的主業是泥水師父，蓋房子、做簡單家具都難不倒他。烤爐的基礎是一個大水甕，再敷以耐熱水泥，底部並開有通風小口，可以控制火候；專業的設計，連吊掛蕃薯的勾具都一應俱全。「大寒」時節，在蕃薯的故鄉，吃著農友細心種植、用心烘烤的無毒地瓜，是最溫暖的幸福！

材料：蕃薯、木炭

步驟：

1. 起炭火，趁火勢炙熱時將已經「消水」的蕃薯，放入勾具中準備烘烤
2. 等待及嗑牙閒聊，一邊觀察火勢及聞香味，適時添加木炭
3. 待焦香甜蜜的味道傳出後，掀開爐蓋，若蕃薯外皮泌出蜜汁、壓起來鬆軟，就可以享用烤蕃薯了

秘訣：「消水」的蕃薯，口感滋味更加香Q。

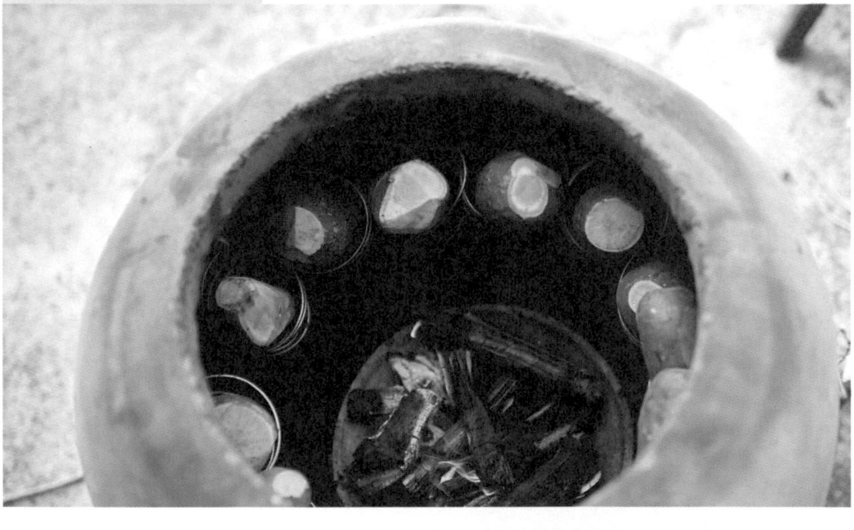

4 雲林北港溝皂里——古早田，在地智慧的農藝復興

文／李威寰 陳芬瑜 攝影／連偉志

這片實驗田取名「古早田」，閩南語音近似「溝皂」，象徵這塊土地將找回先人不破壞環境的種作技術，傳承敬天敬土的傳統精神。

農夫阿田、阿木、嘉宏不但拒用農藥、化肥、除草劑，還積極向當地老農尋訪舊式的種植技術與懷舊的農機具。他們也深耕在地，和在地小學合作推動生態與食農教育，小朋友們除了學習插秧、種菜，更種起了雜糧作物。老農、新農、小農們，攜手展開一場新的農藝復興。

北港小農與浩然基金會、台灣農村陣線之所以結緣，遠因可說是一場農村污染事件。

政府遷台以來，台灣的國土使用政策一直沒有落實規劃。西部平原由於地形平坦、交通便利，在台灣經濟起飛的過程中，許多小型工廠便林立於西部農業區，造成工業與農業雜處的情況。而台灣對工廠作業的環保法令又常掛一漏萬，以致這些工廠成為農田的大污染源。

二〇〇九年，北港溝皂里就遇上了環境污染問題，這裡是雲林縣最大的皮革工廠集中地，皮革生產過程中，造成空氣污染與水的污染，長期以來對溝皂里的農業生產造成很大傷害，果樹、稻米都遭殃。之後溝皂里居民組成自救會，抗議這些大老闆違法使用農地蓋工廠。歷經與官商體系的種種對

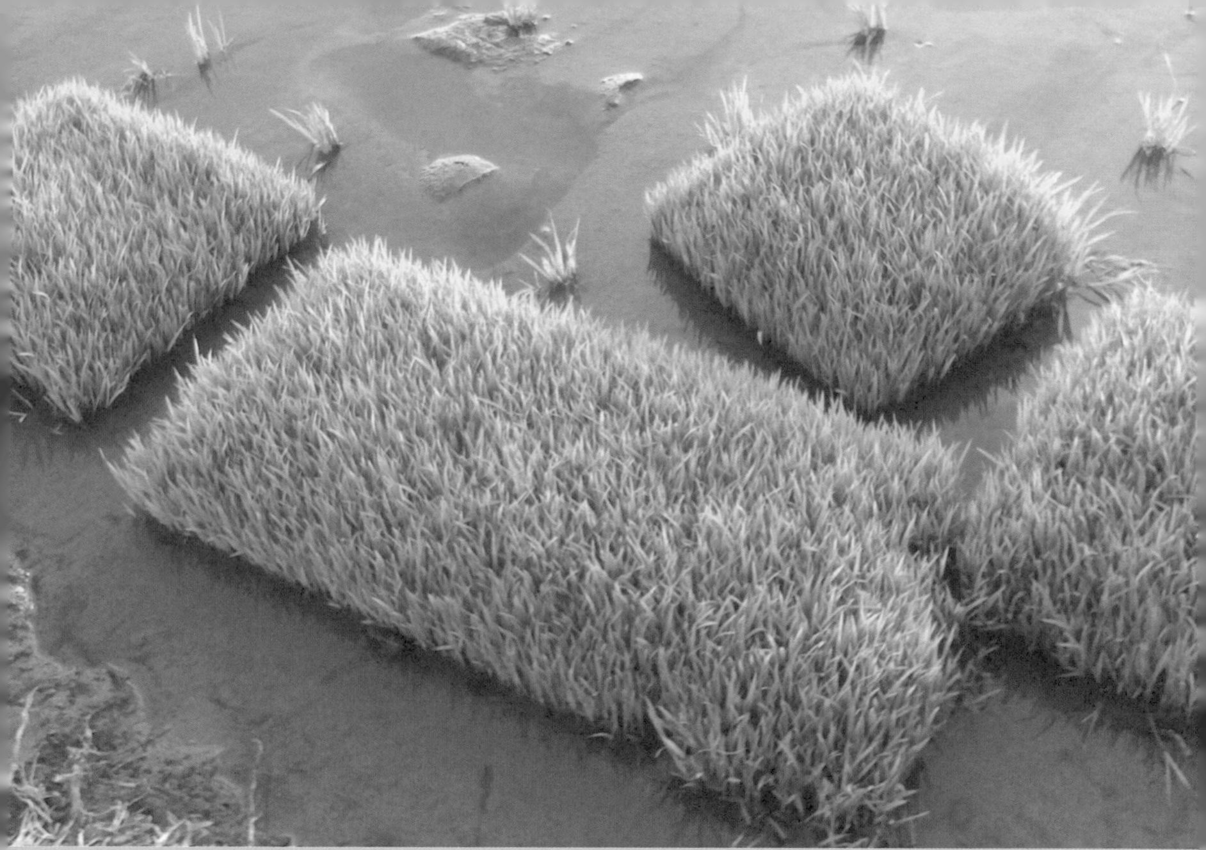

小農風土誌

地理環境：

早年的北港稱作笨港，是一個相當繁榮的河港。這裡曾經是台灣數一數二的城鎮，康熙年間的《諸羅縣志》即記載：「笨港街，臺屬街巿，此為最大。」一直到日本時代，北港都是台灣相當時髦的地方，台灣第一個管樂團就是一九二五年成立的「北港樂團」，可謂台灣西樂早期根據地。當時的民權運動家蔣渭水，就曾經參與「北港讀報社」的創立，他的巡迴演講裡，也必定會來北港，可見北港在台灣社會發展史的地位。

生產條件：

北港地勢平坦，且有北港溪環繞周圍，先天的種作條件堪稱良好。因為北港溪砂質土壤的特色，主要種植作物除了水稻外，還有花生、蒜頭、蠶豆等作物，本地的花生更特別有名氣。後因石化產業進入雲林，搶奪農業用水，及田間日益增加的小型工廠，使得本地的農業環境日益艱困。目前大多的農地需要鑿井，春季才能夠獲得充足的灌溉水源。

特色作物：

北港、水林、東勢等雲林西部地區，因為靠近西海岸，所以土壤多具砂質，冬季雨量稀少，氣溫偏低。所以很適合種植雜糧作為冬季裡作，例如蒜頭、花生。以蒜頭為例，台灣的蒜頭通常在秋季播種，春季收成。因為蒜頭初期的生長需要低溫，才能促進營養機制；又需要排水良好的土地，否則根部容易泡爛。所以雲林西部一直是台灣蒜頭的首要產地。

抗，終於使大部分嚴重污染的工廠停工。

在這場維護農業生產的環境運動中，人稱「阿田」的黃子騰是自救會的積極成員，出力很多。

古早田的青壯輩要走不一樣的路

阿田出身於務農家庭，退伍後先到台北當油漆工，直到二十六歲那年，為了照顧父母，才回家接手田裡的工作，農閒時還上台北兼些小零工。他的主要作物是稻米與蒜頭，剛返鄉務農那幾年，與在地許多農民一樣，為了提高產量，自然地採取慣行農法種作。

在這場特殊的抗爭當中，他開始覺得，也許應該與鄉人共同走出一條不同的發展方向。在地的紀錄片導演也是農陣成員的陳韻如，因為記錄這場抗爭活動認識了阿田，又介紹浩然基金會與他接觸，於是阿田跟幾位

熟悉的花生，摸索中的無毒耕作，溝皂友善耕作的未來，在小農的細心呵護中慢慢成型

田間學堂－無毒花生田

花生是溝皂農友熟悉的作物，無毒花生的管理與照顧讓農友覺得充滿挑戰與躍躍欲試。

透過經驗觀察以及向虎尾的有機農友王玉彰先生請教後，農友們發現到：秋作種植的花生，藤蔓生長比較慢，就不需要噴灑抑制藤蔓生長的荷爾蒙藥劑；收集田間常見的蝸牛或是福壽螺，加糖發酵後，就是最好的液肥，中藥店可以買到的黑殭蠶可以自製防治病蟲害的菌。

這些利用自然環境特性跟隨手可得的生物資材，讓古早田的友善環境耕作變得更自然更永續，農友也更能掌握生產的節奏！

同鄉的夥伴嘉宏、阿木加入了小農復耕的行列，組成了「古早田小農之家」，從六分地的實驗田開始無毒耕種。

過去幾年，嘉宏（黃鵬璋）除了營造的主業外，一直維持著一甲左右的耕作面積，輪作水稻、蒜頭。這兩年因為家中三個孩子陸續讀幼稚園，經濟壓力大，於是開始到六輕的外包廠商工作，但他還是比較喜歡務農、自由的感覺。加入復耕團隊後，第一年和阿田一起照顧公田的米收成後，他形容第一次吃到桃園三號

家鄉田野風景的改變，需要更多「憨人」加入，一起努力

香米的感覺是「桃三真歹吃」他促狹的說，「因為量少，很難一直吃，所以很難吃啦！」於是第二年，他為自己的家人種了一分多地的無毒香米，希望讓孩子們整年都有好吃的米。因為真正喜歡務農，也想給自己機會拼拼看，去年秋天的時候，他毅然辭去六輕的工作，組了一台拼裝貨車，專門替人載送農作物，也投入更多的時間在無毒耕作的嘗試。

阿木（蔡清木）的主業是鐵工，但從小跟著務農的背景，他仍然常年維持著春作種水稻、秋作種花生跟蒜頭的習慣。成為古早田的一員，他半開玩笑的說是「好玩」，不過他好像越玩越上癮：二〇一三年春作，跟著試種了二分地的桃園三號香米後，秋作時又跟嘉宏一起試種了一分多的無毒花生，這對於過去一直覺得種有機花生是不可能的他來說，是一大突破。

這群鄉間的青壯農夫，將團隊取名為「古早田」，取其閩南語音近似「溝皂」，也象徵這塊土地將找回先人不破壞環境的種作技術，傳承敬天敬土的傳統精神。所以他們不但拒用農藥、化肥、除草劑，還積極向當地老農尋訪舊式的種植技術與懷舊的農機具。

新農、老農，一起復興古早的農藝

儘管覺得不可能不用藥，但面對晚輩的請教，八十幾歲的老人家還是忍不住分享許多已不復見的農具跟傳統的智慧。這一場復古又創新的田間實驗，讓兩代有了交流的機會。

跟插秧的方式不同，過去農民會使用一種直接播種的農具，將催芽過的稻種播撒到田裡，省略了育苗、插秧的步驟，現在村內的農具公園還保存了一台這樣的播

溝皂積極結合食農教育，小學生們是田間的好幫手　攝影／張添順

種機。在沒有除草劑的年代，傳統田間用來翻除雜草的是老一輩暱稱為「水鴨母」的鑄鐵推輪，長於鐵工的阿木也因此把家中塵封已久的老農具找出來試用，還進一步構思如何開模複製，將原本結構為木把鑄鐵、有重量感的農具，改得更輕巧耐用。

除了農具，村裡還保有舊時農村的「宋江陣」傳統。在古早時代裡，交通聯絡不方便，官府不像現在的警察能夠隨請隨到，所以地方上的治安更依賴鄰里的守望相助。而農業時代的各個「庄頭」排他性較強，相對地，自我防衛的意識也比較濃厚。所以那時候的台灣農村大多會有團體練武的習慣，通常都是請附近比較有名的武師來指導，利用農閒時間練習。每逢地方上的廟宇有節慶，便上陣表演一番，不僅當作驗收，也展現我庄的氣魄。但是這種農村習俗敵不過產業轉變的潮流，經濟起飛之後，農村漸漸瓦解，「宋江陣」也漸漸後繼無人了。如今只能依靠少數有想法的小學老師或在地青年，努力傳承這項技藝。

田間學堂──白露

「白露」是二十四節氣之一，在「處暑」與「秋分」之間，就是每年的九月七日至八日。傳統上，冬季裡作若要種花生，應該在白露前後播種。若過早種植，花生開花期間遇到冷熱溫差大，容易得病；太晚種植，生長期間溫度太低，則會造成生長遲緩，導致收成不佳。

花生是北港秋季的重要作物之一，成長期約四個月，農曆十一月左右陸續採收，由於氣候適宜，病蟲害較少，產量比春作花生高，是適合種作花生的時節。

田間學堂─水鴨母

一種在稻田除草的工具，前段有兩排扁平而可旋轉的裝置，形狀有點像水車，又像鴨子長蹼的腳，所以在地人暱稱它「水鴨母」。這種人工除草的機具，適用在插完秧一個月左右的水田裡，此時秧苗已略略站穩腳跟，而雜草正要發芽。只要經過「挲草」的動作，雜草就會被清除，所以「水鴨母」可說是整季稻作裡的除草先鋒。

深耕在地，結合食農教育

參與復耕計畫的北港小農都是鄉間的青壯代，儘管對於友善耕作的可能性躍躍欲試，卻也承受著長輩的叨念跟左鄰右舍殷勤關切的壓力。

因為有養家的壓力，目前古早田的農友都僅能拿出一小部份的自家田來嘗試友善耕種，其餘仍維持慣行種法，待田間管理技術跟銷售都能穩定後，再逐漸增加投入的面積。然而，讓投入極深的嘉宏感到欣慰的是，二〇一四年的春作又有幾位「憨人」要加入古早田的團隊，大復、阿柯、阿智，要一起來種無毒香米跟花生。

除了小農之外，還有一位比較特別的成員，就是溝皂里東榮國小的張添順老師。張老師是台南人，從師範學院畢業以後，就到東榮國小擔任自然科老師。因為強調學生要從作中學習，也要認識自己的鄉土，張老師持續帶領同學在學校的空地種菜，不但自己動手翻土、集雨，

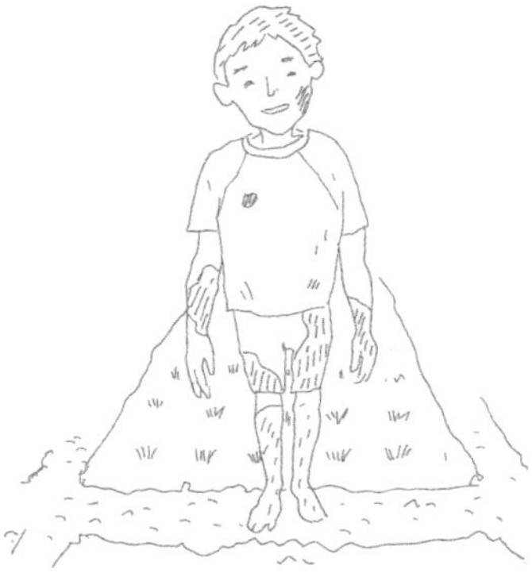

甚至自己做有機肥料，在實踐的過程中，學習動植物的生態。北港、水林一帶有珍貴的黃金蝙蝠，牠們只生存在自然環境完整、良好的地方，學校就帶著同學做蝙蝠屋，掛在校園的各個角落；遇到插秧的季節，張老師也與農友們合作，讓小朋友下田操作一些傳統工具，讓大家親手插秧！

張老師雖然不是農民，但是身為教師，在資訊的吸收與解讀方面比較有經驗，在團隊開會的時候，很能提供一些適當的意見。而且藉由與學校的連結，透過教育方式，讓北港小農復耕計畫能夠深耕在地。小朋友除了插秧、種菜之外，也種起了雜糧作物，綜合了生態教育與糧食教育。

這也是台灣農村陣線與浩然基金會一貫強調的：要提昇糧食自給率，食農教育是不可或缺的一環。北港的復耕團隊，很有希望邁出這一步。

今年，一定要把土豆種起來！

北港復耕計畫目前的主力作物，是桃園三號香米與九號花生，在同一塊地輪作，春夏種稻子，稻子收成後就種花生。以友善農法種水稻，雖然需要煩惱雜草的問題，但稻子經過幾萬年種植，已經算是很溫馴的

夏至時節，等待收成的黃熟稻穗，雖然產量不及鄰近的慣行田，卻是農友心中最美的風景，與碗中最好的滋味

作物。而且台灣的農民，幾乎都是種稻子長大的，要改作友善水稻，雖然是生手，卻還不至於全無把握。

但是說到去年才拍板定案的「花生」，這些農夫都搖頭說「很難」！

因為花生除了一般會用的農藥、化肥、殺草劑之外，還必須噴灑荷爾蒙抑制藤蔓生長，台語叫「凍藤」。一般慣行農業收割花生的機器，容易被花生的藤蔓纏住，如果藤蔓一直干擾機器，根本不可能完成機器收割。所以友善農法的花生往往需要大量人力來採收，提高生產成本。為了這個問題，對種花生很想突破的嘉宏跟阿木特地去請教虎尾耕莘農場的王玉彰先生，他建議，只要別下太多肥料、不要求產量極大化，花生的生長不至於會干擾機器採收。

然而，節氣是不等人的，在大家來往討論的過程中，白露悄悄地溜過去了。第一年的花生因此種得晚，收成當然也不好，大家不禁感嘆：「萬事起頭難！」

對阿田、阿木、嘉宏等人來說，參與復耕計畫最重要的目標，是讓自己能以農業得到一份穩定的收入，有

一月天呼呼的北風中，古早田的花生少量的收成了，明年我們一定會種得更好　攝影／陳韻如

了基金會的支援，這個目標或許可以容易一些。但基金會能支援的，主要是在農機具、有機肥料等資材上，或是居中介紹一些技術交流，這些資源大多著重於生產端，希望讓友善農法的生產過程更穩定、更有效率；但在銷售端，和許多自產自銷的農民一樣，還有許多需要突破的瓶頸。

「如何讓消費者看見，進而購買我們的產品？」這是北港小農復耕團隊的大考驗。所以大家一開始都還心存觀望，不敢完全投入，畢竟這個計畫有相當的實驗性質，很難保證最後成果。

經歷三年，農友累積了一些經驗，也與許多不同的單位交流、到彎腰市集參與「農夫市集」的運作模式。看到台灣有這麼多人在為友善農業努力，阿木等人也逐漸有了信心，嘉宏笑著說：「我們很有信心，一定能把土豆種起來！」同時，大家也計劃著花生收成後，要試試看做花生糖、榨花生油，嘗試多樣性的可能。

靦腆的笑容、被陽光曬紅的皮膚，這群傳統鄉間的青壯代，正逐步運轉出踏實而充滿期待的未來。

田間學堂｜農民保種

古時候的農民，在收成稻穀或是其他作物之後，會把一部分的穀子或種子保留下來，作為下一季播種的種子。綠色革命之後，農業向工業邏輯看齊，傾向大規模種植，追求效率、利潤。因此，早期「從稻穀到米飯」一條龍完全由農家自主經營的模式，轉變為層層分工的模式。其中包括「育苗」這一塊，現代農家大多跟育苗廠購買秧苗，所以也不必保種。如此一來，農家就無法自己掌握種子的來源，也容易使稻種單一化。農民保種運動正式對此發展的反省與積極回應。

小農最前線——

1

黃子騰（阿田）

特徵：熱血又務實的二代農，希望種出好成績，吸引更多家鄉年輕人回來一起打拚。

2

蔡大復（大復）

特徵：古早田的新伙伴，喜歡有挑戰的事情，所以決定春天種花生，一定要試出春作無毒花生的管理特性。

3

黃鵬璋（嘉宏）

特徵：喜歡務農也喜歡煮食，總能快速地將自家種養的鮮味，轉化為一桌的好滋味。

4

蔡清木（阿木）

特徵：外表冷靜卻熱血的田間實驗家，聽到蝸牛可以作液肥，二話不說，立刻動手作。

來和小農做朋友

古早田農人ㄟ心內話：「我們種無毒米，也是在打造我們溝皂的名聲。至少在外地的孩子，可能某天會想回鄉試試看，回來跟土地一起生活。」

黃鵬璋
年齡：40 出頭／家中人口：爸爸、老婆、子女三名
蔡清木
年齡：50 出頭／家中人口：夫妻、子女四名

黃鵬璋（嘉宏）、蔡清木（阿木）

二〇一三年秋天是我們第一次種花生，之前去虎尾跟王玉彰大哥交流，覺得很有收穫，也覺得種無毒的花生有可能。聽到蝸牛加砂糖發酵可以做液肥，可以自己做黑殭菌，我們都會試試看！這一期是在颱風之後才種的，目前還沒有遇到什麼問題，順順的啦，有什麼困難要遇到問題才知道，再來想辦法解決。

種水稻就比較有經驗了，除了要種寬一點比較通風，最主要就是要控制水位，田裡不能失水才不會草太多，肥也不要下太重，我們是連有機肥都沒有下，就自然農法啦，這樣一分地收八割（八百台斤）還不錯啦，又不要用藥，價錢又比較好，比起一般的不會差太多啦！

今年也有機會跟學校比較多互動，我們也是儘量支援學生的農事課程，像張老師帶學生去種黑豆，嘉宏有過去。我們可以幫什麼就會儘量幫忙，這樣做還不錯。

因為做這個無毒米，也是想慢慢的讓有興趣的人加入，如果順利跟鎮公所借到學校旁邊的倉庫，這樣我們的設備放在那邊，社區有興趣種無毒的人就會知道我們在做什麼；這樣，學校的小孩種米以外也可以親眼看到米怎麼被碾出來，對學生來說是很好的體驗。

加入這個小農復耕計畫，有時間我們也會出去交流、看看別人怎麼做，這樣以後遇到問題的時候比較知道怎麼打算！

黃子騰（阿田）

我退伍後是先到台北當油漆工，後來父母年紀大了，覺得應該回家陪兩老生活，所以二十六歲就回來了。現在是種蒜頭跟米比較多啦，而且我自己種的也是以慣行農法為主。這比較無奈，因為種有機或是友善農法對農民來講，通路的壓力真的很大，今天稻子收一收，找不到盤商願意用有機的價格收，不就一整季的心血都要賤價賣掉？而且因為產量少，用一般慣行的行情去賣，根本就不足以支撐基本的生活所需，至於田裡的人工成本更不用講，根本賺不回來。

這次參加小農復耕計畫，一開始的範圍也不敢弄很大，總是要賣得出去，再慢慢增加。因為村子裡的人都在看，看你在搞什麼花樣。如果看你種不起來或是賣不出去，一來沒面子，二來大家對你沒信心，你就更不可能去推廣。因為大部份人都還在觀望，所以我光是要找兩塊田來作復耕計畫的公田，就找了兩、三個月。為什麼？因為連我爸都不肯把地借我去種無毒米啊！你說這種新農法在農村是不是很困難？

我對小農復耕計畫一直以來的想法，就是說要先有人做起來，再把其他人拉進來這個組合裡面。總之，大家一起努力啦！

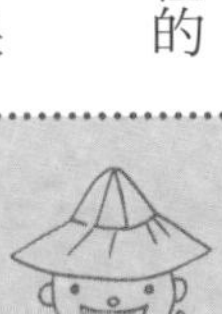

年齡：民國 65 年次／務農年資：10 年
家中人口：父母、夫妻、兒子一人
農場作物：二分地無毒栽培水稻，五甲地採慣行耕種

農家上菜

01 花生芝麻炒米糖

這是充滿回憶的一道點心，阿木記得小時候零食不多，在正餐之外能夠隨便吃到一些甜甜的點心，就能心滿意足一整天。這道「米糖」就是姊姊的婆婆常做的小點心，其中有一種溫厚純樸的味道，微甜裡又帶點焦香，現在的孩子不常吃到這樣的點心了。

材料：1 斤米、6 兩砂糖

步驟：

1. 將 1 斤米洗過、瀝乾。
2. 放入炒鍋小火慢炒約50分鐘。
3. 米粒呈焦黃色後，放入 6 兩砂糖一起炒，大約 10 分鐘。
4. 砂糖溶解後，會與米粒混和，一起倒入方盤中。
5. 以桿麵棍將米糖桿成約 2.5 公分厚的方塊。
6. 以菜刀切成小塊。

秘訣：砂糖也可用麥芽糖取代，可降低甜度。還可加入花生、芝麻一起炒，增加不同香味。

02 香煨花生

「煨」的台語音「補」，煨花生就唸作「補土豆」。農村的小朋友會在收割過後的稻田或是甘蔗田裡「焢窯」，除了烤地瓜之外，也會把花生裝在罐中，放到土窯中去烤。雖然只是小朋友的有趣點心，但也充滿回憶。在北港那天，花生上桌了，嘉宏拿了一把給女兒，要他拿給在廚房炒米糖的三姊，嘉宏說：「拿去給三姑姑，以前他都弄這個給我吃。」熱騰騰的花生，滿是溫暖。

材料：生花生、鐵罐

步驟：

1. 生花生，連殼放入空鐵罐中。
2. 將空鐵罐放入文火中，煨約 30 分鐘。

秘訣：需用有一定厚度的容器，故選用鐵罐，不可用一般飲料或啤酒鋁罐。

03 青蔥蒜頭桶仔雞

阿木的本業是鐵工，所以常常自己動手做一些鐵工具，其中最受大家歡迎的工具就是一卡用來烘烤食物的鐵桶。這個鐵桶充滿阿木的巧思，它分成兩層，中間較小一層懸掛食物，外面較大一層，裡面放置柴火煙薰。如果中間烘烤的是雞肉，還可以在下方放置一湯鍋，盛接雞肉滴下來的油脂，用來沾肉或入湯，都有極佳的風味！不過這道菜的重點除了雞肉以外，還在雞腹中塞入青蔥與蒜頭，這些都是當天現採，從土裡到餐桌只有三十分鐘！青蔥與蒜頭吸收了雞肉精華，比雞肉本身更令人垂涎！

材料：全雞、青蔥、蒜頭、米酒

步驟：

1. 將烘烤用的桶子準備好。
2. 殺一隻雞，清除雞的內臟。
3. 將青蔥與蒜頭塞入雞腹。
4. 升起柴火，將雞隻懸入桶中。
5. 烘烤過程可噴灑二至三次米酒，增加香氣。
6. 烘烤至熟約三十分鐘。

秘訣：若以木柴烘烤，最好用雙層鐵桶分開雞肉與柴火，以免雞肉沾上太多灰燼。

5 高雄美濃——我庄的芝麻大小事

文／周季嬋 攝影／連偉志

美濃一年四季都不寂寞，稻米、紅豆、白玉蘿蔔、橙蜜番茄、木瓜、香蕉、芭樂、檸檬和蔬菜，有人說「美濃不管種什麼都會長」。然而在這塊沃土上，芝麻卻消失了超過五十年——因為質輕、採收加工費力，農家逐漸放棄芝麻的種植。麻油，卻仍是日日餐桌上不可少的，因此大多依賴進口。在地芝麻的復育夢，凝聚一群人捲起袖子展開「半芝麻半X」的生活——那「X」結合了老農新農、榨油技術、包裝行銷、拔草工人、攝影師、文字記錄的愛鄉朋友。他們一起摸索芝麻的特性，四處採集耆老的經驗，要從生產、加工到流通，重建美濃傳統的芝麻產業鍊！

「你要去哪？」「我要去南頭河打麻油。」

打麻油，曾經是美濃人日常的生活風景。第三代的麻油阿公回憶，其實自家的麻油店一開始沒有店名，人們說著說著，「南頭河」就變成店名了。

南頭河的麻油夢

美濃人稱呼「南頭河麻油坊」第四代傳人吳政賢為「麻油爸」，「以前麻油工坊沒有賣麻油，只有

小農風土誌

美濃菸葉、芝麻小史：

美濃，曾經和台灣大部分的農村一樣，因應季節種著養活一家大小的各種糧食。當地大多是看天田，能成為經濟的作物不多，直到一九三八年日本人引進菸葉種植後，作物結構開始轉變，水利灌溉的完備加上菸葉保障收購的穩定收入，菸草種植曾盛極一時。二〇〇二年台灣加入WTO進口大量菸葉，政府調降收購量，種植面積從極盛時期二千多公頃大幅降低至百餘公頃，隨菸葉採收期短、須互助共同採收所產生的「交工文化」也因此瓦解。

一九一一年開始，水圳陸續開鑿完成，來自荖濃溪的水就像大小血管一樣流到美濃四千多公頃的田地裡，方便的跟水龍頭一樣可以控制，作物順利生長，四季都能輪作。可能是菸葉讓大家習慣農作的好利潤，經濟不好的作物通常很快被淘汰，農民選擇相對高收入的作物耕種，許多農產也因此在美濃消失，芝麻，就在此列。

作小冬：

美濃的秋冬是農地最熱鬧的兩季，秋分，雨水漸歇，美濃的冬季裡作也拉開序幕，美濃人稱這期農作為「做小冬」。若是從高處往下看，田地像拼布般的鋪著各種不同的圖樣，即使連著好幾片綠，也綠的層次有別。翻土、搭棚、灑種、植株，沒有田地閒著，芥菜、高麗菜、花椰菜、四季豆、葉菜類也幾乎家家都種，在頗有名氣的白玉蘿蔔、橙蜜番茄之外，紅豆是美濃「做小冬」的第三大作物。這段時期美濃幾乎沒有雨水，清晨潤而不濕的露水是紅豆的水分來源，豆莢在冷天裡儲存養分，隨著春天接近漸漸飽滿。

傳承百年的麻油坊還維持著傳統手工作法，要讓麻油純正的好味道，持續在每一個家庭的餐桌上飄香

代工榨麻油。做麻油代工的收入微薄，比較像是業餘服務，所以都有其他正職，像麻油阿公過去的主業是水泥工，不過做著做著也做到阿公這把年紀了。」他說。這家信譽老店很低調，沒有批貨託售只在家裡自產自銷。

做麻油的過程很熱、很費力。因為費時耗力，只能少量生產，麻油阿公因為年紀大了無法負荷做麻油的高勞力，打算把麻油坊收起來。很多老客人紛紛來關心「怎麼沒有賣麻油了？」麻油阿公才意識到「延續幾代人的味道了，不是一下就能收起來的」。這時候第四代的麻油爸決定接手，在上班之外的假日做麻油，就這樣，南頭河用一種不辜負老客戶的貼心，讓超過百年的麻油坊繼續飄香。

有麻油，為什麼沒有芝麻田啊！

本來，芝麻、地瓜和花生是美濃秋冬旱季種植的作物。地瓜、花生大多自家食用，芝麻採收後大部分給商人整批買走，農家自己留一部分下來交由麻油坊代工做成麻油，或是年節做粄時用來當內餡。

田間學堂—芝麻胡椒罐

芝麻實在太小了，到底有什麼小孔工具適合用來播種呢？美濃芝麻復耕第一期的播種，使用播種機具，調整出口大小一路滾過去，細小的芝麻從播種器掉進土裡，一掉就是一撮，發芽後像是種在辦公室的柑橘類種子盆栽，密密麻麻，翠綠可愛，但是疏苗的問題就難處理了。

身兼主婦與廚工媽媽的雪梅姐運用巧思，將胡椒罐固定在細竹竿偏下方位置，手握著竹竿上方，沿著直線隔一尺就頓一下，芝麻也跟著抖落幾顆，手工完成播種。等待七天後，芝麻田間的幼嫩小苗們歡喜地張開了雙手，芝麻胡椒罐播種成功！

既然是家家戶戶都會種，代表當時種芝麻應該不難。大冬禾（二期稻）收成後進入乾爽九月天，芝麻落種，大約半年後的春天雨季來臨前收成。據種過的老人家說，「當時天氣不會像現在反反覆覆，也沒有農藥、化肥，可能是土地健康吧，所以旱季作物都長得很好。芝麻也是只要除草就好，不難照顧。」美濃有一句俗諺說「麻仔騷、愛人搖」，就是指芝麻要漂亮就要常搖她，不過這當然不是真的伸手去搖，而是除草時碰到她就會輕輕的搖晃，常除草她就可以吸收更多養分、長得更好。

「芝麻騷，愛人搖」，傳統生動的俗諺，銘記著芝麻曾是美濃田間的常態風景

芝麻種起來不難，但它還是在美濃的旱季作物名單中消失了！除了質輕、利潤低，就是費工。採收的處理，才是芝麻的重頭戲，將跟人一樣高的芝麻拔起後綁成一束束立在田裡曬乾，天氣好的時候曬一兩天果莢就會打開，要抓好果莢打開的時機，拿專用的大竹籃去田裡，一束一束的把芝麻粒「打」出來。難就難在要遇到有太陽的晴天收成，不然空氣濕度太高，芝麻粒就不容易從果莢裡脫落，但晴天的正中午作業又炙熱痛苦，好兩難啊！

榨自己種的油，是美濃復耕團隊最初也最堅持的心意

收集好的芝麻粒賣給商人，曬乾的芝麻桿就是沒瓦斯年代的燃料，因為很乾硬，據說燒起來會ㄅㄧㄅㄧㄆㄧㄚㄆㄧㄚ喔！

據老人家回想，這樣的種芝麻情景大約在一九四〇年代減少，七〇年代便徹底消失在美濃了。因為農地重劃、農藥化肥的出現，加上圳水流通也改變了農家對作物的選擇。美濃的水利灌溉系統——

獅子頭圳從一九一一年開始修築，水路區域漸廣，原本的看天田變成有泥水滋潤的肥沃田土，一期稻變成兩期稻，菸葉種植也越發興盛。廣林地區位在獅子頭圳最後完工的第三幹線上，也在圳水流進田地後告別了芝麻種植。

麻油不自由？

大約從第三代的麻油阿公開始，美濃已不種芝麻，但是家家戶戶對於麻油的需求依然存在，於是，店裡開始買進芝麻榨油。台灣產的芝麻少之又少，價格也高，以二〇一三年來說，一斤就要一百一十元，成本考量加上本地產量太少，只好使用進口芝麻。

台灣的進口芝麻來自越南、泰國、非洲、印度，其中，南頭河認為泰國芝麻的品質最好，即使持續漲價還是只用泰國芝麻。從麻油爸對芝麻價格有印象以來，最便宜時大概一斤二十幾元，二〇一一年泰國發生洪災，加上全球的氣候變遷造成的急降雨，讓各地芝麻欠收，需求大於產量，芝麻價格不斷飆漲。二〇一三年泰國又有大水，芝麻一年漲三次，從上次進貨不到半年又漲了五元，一斤要價六十元。另外，

「作小冬」的葉菜類、蘿蔔跟豆類拼織出美濃繽紛的田野畫布

田間學堂—灑種知成敗

目前用手灑方式播種，灑得均勻紅豆才長得好，太密沒有生長空間長不好，太疏又會長雜草。灑種前拉繩子把田分成幾個區塊，紅豆種子也分成相同份數，沿著線繩踩過去，形成從田邊也看得到的區塊界線，再一區一區的灑完，這樣比較容易掌握種子和田地間的比例關係。

田間學堂—紅豆大挑戰

雪梅姐與丈夫張榮源，是美濃芝麻復耕第二期新加入的農民，秉持著「用藥不會比較好」的觀念從事友善耕作，除了完全不用藥的地瓜、玉米，五年前開始挑戰高難度的紅豆——因為紅豆除草、採收很費工，一般來說高度依賴農藥的使用，無農藥的紅豆種植起來非常困難。雪梅姐一開始嘗試用比較自然的方式種紅豆時，種的過程長不好被笑「多工又沒多賺錢」，加上生長期較長，等到收成時，市面上的紅豆已經供過於求，賣給糧商的價錢比有打藥的慣行紅豆還低，連家人都笑「一隻牛被剝兩層皮」！想起來苦，現在卻可以說來自己笑，雪梅姐說，應該是因為「很想吃自己種的健康紅豆」吧！

因為堅持傳統手工作法，芝麻的得油率比工廠自動化的機器低很多，一斤的麻油要四斤半至五斤的芝麻才夠榨。一年三漲，每瓶麻油的芝麻成本就高出五十元，才剛公佈漲價通告就買到漲價芝麻的麻油爸說，「芝麻一直漲價，真是不知道要怎麼辦！跟著漲怕客人嫌貴，不漲又會做白工，不過還是撐過這個冬天，讓大家都能過個有麻油補身的冬天吧！」

擔心進口芝麻越來越貴，而且看不到生產過程，加上買不到本土的芝麻，麻油爸決定：「乾脆自己種」！

從無到有的考驗

最初，麻油爸找了在地年輕人小紅、偉志一起參與芝麻實驗，想著「既然要自己種，就種無農藥的，而且要找到適合芝麻的乾鬆土壤」。

一股熱情驅使，他們選了一塊極度偏僻、連產業道路都沒有的溪旁沙地。這塊地因為久未耕種，大家理所當然地認為一定無污染、很乾淨。但是為了克

熟諳田間工作的啟尚哥，帶著年輕的生力軍小紅，熟練精準的定出條播的直線，透過身體傳承田間的經驗

服地上那長滿了比人高的草、灌木，還有在草叢裡築巢的蛇，花了不少工夫。他們找來怪手將地表「植物」鏟起堆置，再找來「大鐵牛」打算將地整平、把土打鬆。誰知道鏟除了地表物，地裡還卡著因為溪水上漲所堆積的漂流木、垃圾，有好幾次大鐵牛都因為土中雜物卡到粗繩而停工。

終於整好地，他們才發現這裡沒有水源，要從附近的田接過去，水放進田裡，久旱的沙土就像大胃王，灌多少水都下滲不見！等田地的狀況好像可以種東西了，早錯過了雜糧專家蘇

用心榨油，用心裝入一瓶瓶實在的油

田間學堂—勤拔草

「不灑除草劑，就要有拔草的覺悟！」是雪梅姐常掛嘴邊的叮嚀。灑下紅豆大約兩週後拔第一次草，第一次也是草、豆賽跑最關鍵的一次，如果沒有抓準草快趕上紅豆苗的這次，等草一淹過紅豆，後續生長就會受到影響。等從田頭拔到田尾，第一輪除過的田頭的草又快長大了，於是又進入下一次的拔草。在紅豆壯根、開枝散葉遮住小草陽光前，拔草至少要循環三次。接著可以稍微放心，只拔明顯、大株的草，直到紅豆成熟開始落葉時，拔草循環又開始。因為不灑落葉劑，紅豆植株不會同時乾燥落葉；紅豆莢開始落葉時，對小草來說是撥雲見日，又可以發芽茁壯，但是草夾帶著水份、蟲卵、草籽，不利紅豆保存，在正式採收前，少不了又是兩回合的拔草循環。

田間學堂——紅豆自留種

雪梅姐使用的紅豆種子，高雄8號比較多、9號比較少，已忘記是幾年前開始留種的，想說自己留種可以省下買種的錢，雖然聽人家說自己留的種子種不好心裡怕怕的，但是農藥都沒有照規矩灑了，哪有在怕產量少。試了才發現自留種可行，只是發芽率要好，一定要挑好種子，大顆、飽滿、色澤均勻。自己留種好幾年，早就不知道變什麼種了，好吃就好！

榮燦建議的芝麻適種時間。於是他們先種下美濃的秋冬轉作作物，像是耐旱的白玉蘿蔔與地瓜。

然後又遇到下一個挑戰：因為田地野生太久，偶爾為之的人工除草，根本敵不過早就藏籽於土的蔓草。根據有經驗的農民好心提醒：用天然的方法除草就必須重覆在田裡進行浸水、曬乾的動作。雖然可以透過種水稻來浸水，但是灌進這塊沙土地的水好像都直接下滲和旁邊的溪流匯聚，雜草也富有活力的狂冒出土。大家有點疲累地懷疑：「難道我們要放棄芝麻復耕的夢想？」

出現復耕新力量

就在芝麻實驗第一年快結束時，台灣農村陣線成員蔡培慧來到

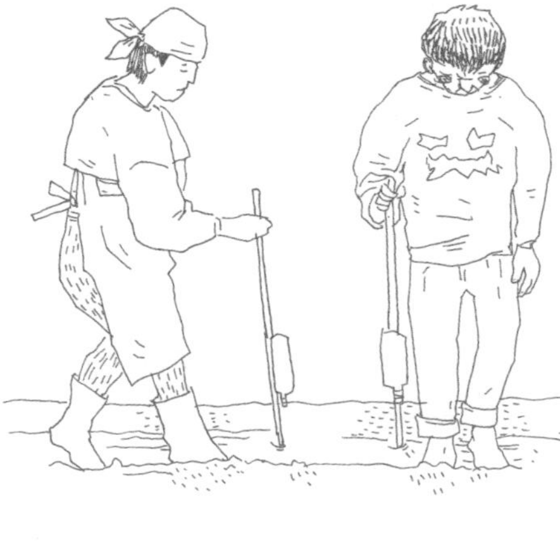

美濃，聽到麻油老舖想要結合在地年輕人進行「從農產原料到行銷販售一條龍」的想法，將這個消息帶給浩然基金會。工作人員來到美濃實地勘察、討論後決定一起來努力。讓原本困難重重的芝麻實驗被推了一把、多了一些認同，大家帶著信心，展開第二年的芝麻小事。

第一年的芝麻實驗團隊，麻油爸、小紅、偉志都不是專職農人，卻幹勁十足地跳進已經在美濃斷層將近半個世紀的芝麻種植。大家對於農事還在摸索階段，什麼事情都要用問的，就算問到了，離「做的好」卻還有一大段距離，但是又找不到願意一起冒這個芝麻險的老手農民加入—這時，遇上了一位專業農夫，啟尚哥。

黝黑的皮膚、靦腆的笑容是大家對啟尚哥的印象，但只要談到種田相關的事情，他就會熱情地轉成大嗓門，說著自己

小小芝麻新芽承載著農友的期待，冒出土壤，後續各種田間工作是考驗的開始

接下來要做什麼嘗試。和他熟識的人不免為他擔心，他這個也想種那個也想種、喜歡接待人們去田間體驗，好學心依然旺盛、看到有趣的課就去上，結果把自己搞得很忙。「我的個性就是這樣，對新的事物很喜歡去嘗試。聽到芝麻實驗就很有興趣。」啟尚哥說。他的主力作物是稻米、地瓜、玉米，以及中斷許久、嘗試復耕的黃豆、黑豆，就算美濃比起中部的種豆條件相對差，一分地只種出一百多斤，他依然每年都種，因為相信「願意吃好豆的人會越來越多」。雜糧在美濃中斷約三十年，復耕產量不論多少，啟尚哥都想盡一份心力，他也用這樣的熱情，加入了芝麻團隊。

小小芝麻力量卻不小，凝聚起老中青的在地團隊，這是麻油爸一年前在尋找種芝麻的公田時沒想到的！大家捲起袖子，展開「半芝麻半X」的生活——那「X」結合了一群老農新農、榨油技術、包裝行銷、拔草工人、攝影師、文字記錄的愛鄉朋友。當芝麻可以再次在美濃土地上生長，榨麻油不必受進口芝麻原料的擺佈，台灣的糧食主權也算是前進一小步了吧！

傳承四代的榨麻油工坊、斷裂三十年的本地芝麻種植

老農、新農、四代麻油家，攜手美濃芝麻復興的未來！

知識，在小農復耕的理念與媒合下有了接合的可能。年輕新血跟著資深農友一起摸索芝麻的特性，野上野下的文創工作者，四處採集記錄耆老的經驗，希望從生產、加工到流通，重建傳統的芝麻產業鍊。未知的可能與挑戰仍有待新團隊的探索，地方經濟的實踐正邁開步伐。

初春的煦煦和風中，小小芝麻葉冒出土壤，大家都期待著，一起在烈日下把芝麻打進竹籠的歡騰！

田間學堂－手工挑豆

自然乾的紅豆收成後，為了確保可以在常溫儲存，一定要經過日曬、挑選。曬好的豆子，先用風鼓車吹一次雜草類較輕的雜質；接著一次一點點的放到挑選的斜坡網架上，太小粒的豆和雜質會從網洞中掉下，其它的就要靠銳利雙眼和手工，挑掉蟲咬豆、生病豆、未熟豆、破粒豆、土塊。挑好的紅豆放在通風處，適當保存可以放兩、三年。

小農最前線——

1 曾啟尚：有機職人

特徵：種上癮的有機職人，對沒有嘗試過的作物及新的田間管理知識興趣盎然，總會想辦法試試看！

2 曾雪梅：友善農夫

特徵：充滿客家媽媽本色，農務、家庭兼顧得宜！與先生從無毒紅豆開始，漸漸將自家作物均朝向友善環境管理；同時又具有一雙巧手，醃製及烹煮手藝極佳，從田裡到餐桌，一桌好菜隨時上桌！

3

劉文峰（小紅）：**農業新血**

特徵：砥礪自己像海綿般努力學習，吸取經驗的農業心血，希望能夠以農安身立命！

4

吳政賢（麻油爸）：**南頭河麻油坊第四代**

特徵：「要讓自家的榨油工坊重新飄起本地芝麻香」的一個動念，讓他承擔了鄰居的質疑與爸爸擔心的眼光，卻也連結了一群夢想家，啟動了美濃芝麻復耕的大挑戰！

5

周季嬋、蔡佳佑、連偉志：野上野下農村文創工作者

特徵：三個年輕人的組合，立定在農村生活的志向，期望「在文化中創作、在農業裡藝術」，要以美濃為依歸與出發點，將自己對土地的認同感渲染給更多人。

來和小農做朋友

曾啟尚

農人ㄟ心內話：「我回來種田的感想，就是我對土地很眷戀，因為土地給我一個舞台讓我盡情發揮！」

小時候我爸爸當客運司機，只有媽媽管理農事，小孩都要幫忙種田，祖父又管我們管很嚴，我熟練農事可以說是被大人逼出來的。民國九十年剛回來的時候，我也種了幾年菸葉。那時在住的地方有兩套烤菸設備，算是種菸大戶耶！但我回來種的時候菸田面積一年比一年少，漸漸就沒種了。

接觸有機，已經是民國九十三年的事情了。回來做農後自己有在摸索但沒有系統，一直到認識徐華盛老師，他是高雄農改場主辦有機的研究員。有一次徐老師辦一個有機推廣的發表，高雄農改場離我很近啊，我就去找他，結果他好像中獎一樣很開心，因為之前都沒人找他，終於等到一個對有機有興趣、而且還是年輕的農夫，從此就抓著我不放了，有什麼研究出來就和我分享，找我去試。

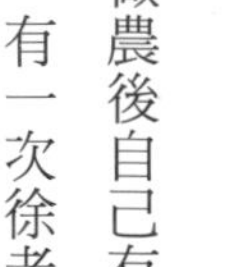

年齡：56／務農年資：返鄉後至今18年，但是從小就要幫家裡務農
家中人口：老婆一人、兩男一女，但是都住在高雄市
農場作物：稻米2甲、玉米8分、地瓜2分、黃豆5分、黑豆3分
耕作特色：無毒栽培

其實台灣這個氣候環境推有機是有困難的，會使不少人卻步；假如退而求其次，先推廣「安全農業」接受度會比較高，在種植初期、作物比較脆弱時，適度使用農藥防治資材加以保護，後期就可以用安全的防治，不會有農藥殘留，我也是傾向這樣做。台灣有機規範都是移植外國的有機規範，沒有因地制宜發展自己的一套，做起來綁手綁腳。有機是良心事業，拿到有機認證後如果要「偷呷步」也是容易，我是用「自己食用級」的態度去種，我常講「我種的東西是我自己敢吃的規格」。

我第一年轉型種有機的成績相當好，稻米一分地收成有九百斤，我和當時一起種的夥伴受到很大的鼓舞啊！那時候吸引了一些返鄉的美濃青年，他們也很有興趣地種了一陣子，後來還有人說，民國九十三年是「美濃的有機元年」，哈哈。

不過稻子是種有機的入門，算是簡單的，之後我也開始種地瓜、玉米等，會種這些就是因為小時候有記憶、經驗。後來開始種豆子，因為黃豆是乾貨比較沒有銷售壓力，如果種水果、葉菜一收成就要馬上賣掉，比較缺人手。農民種什麼，都要看自己本身的條件。

對於種芝麻，我印象就很模糊，只記得阿公有種過。不過南頭河麻油我是從小就知道，在附近而已啊，榨麻油很香吶！這個記憶很深刻。後來知道他們的芝麻是進口的，覺得有點可惜。所以我對這次種芝麻的實驗很期待、很有興趣喔！如果榨麻油的芝麻都能就近在美濃取得，那真的是很厲害的事情。

農家上菜

01 麻油家的麻油雞酒

麻油雞在美濃又叫「雞酒」，傳統上是坐月子和滿月酒一定要有的菜，第一次吃到麻油阿嬤的雞酒，是麻油小弟的滿月酒，麻油爸很開心的把米酒直接加在每桌的那碗雞酒裡，光用聞的就會茫。

若是平常想吃，除了冷天補身，還有歡聚時刻，麻油阿嬤邀請親朋好友來家裡吃飯時，就會端出這一味拿手菜！過程中，麻油香、薑香、酒香一陣陣的從廚房傳出，大夥邊笑鬧邊吞口水等待著，等電鍋蓋打開，大家的鼻子也被牽到桌邊坐下，一起圍著喝酒湯、啃雞肉，一下子鍋子就見底。麻油雞，過程充滿期待、爽快，與笑聲不斷的團聚氣氛。

材料：好雞一隻、麻油半杯、米酒 1200cc、老薑一手掌

步驟：

1. 雞剁大塊、老薑拍鬆
2. 熱鍋後倒進麻油
3. 放薑進鍋煸出薑香
4. 放雞肉炒到表面水分散掉後起鍋
5. 把半熟麻油雞放到電鍋內鍋、倒入米酒
6. 外鍋放一杯水，開關跳起悶半小時就好了

秘訣：麻油家在自己的果菜園養雞，要煮當天現殺，新鮮有彈性。加米酒後不用火滾，用電鍋燉，可以保留酒香又能去嗆味。雞酒不能加鹽，美濃人對雞酒認定的口味要甘甜，一方面是讓坐月子的人吃多也不會水腫。

02 柴燒大封

「封」是一種美濃人熱愛的烹調方式，柴火微弱卻持續，靠熱氣悶熟食物。以前的人一大早就去田裡工作，為了一回家就有午餐吃，想出了這道不需守在火邊、煮一次就有多道菜的料理。材料通常是農家當季會有的菜，因為要煮很久，所以挑水分多、熟到軟爛也很好吃的蔬菜來封。

雖然現在為了方便多改用瓦斯煮，但是過年大家回來時，就會很講究的用柴火煮，以前用柴火是因為隨手可得，但就以美味度來說，柴火煮的就是多一種柴煙香，柴煙香混著醬油、蔬菜甜香，就變成懷念美濃老家的味道了！

材料：紅甘蔗一株、冬瓜半條、高麗菜三顆、大黃瓜四條、豬五花肉手掌大兩塊、醬油兩杯、鹽兩小匙、米酒1200cc

步驟：

1. 紅甘蔗連皮洗淨切段、冬瓜削皮去籽切大塊、高麗菜從中間梗部切成四塊並去梗、大黃瓜削皮去籽切塊(一條切成四塊)、五花肉炸到表面微黃
2. 在深鍋裡依序放入甘蔗、冬瓜、豬五花、高麗菜、調味料
3. 蓋鍋煮滾
4. 放入大黃瓜，蓋鍋
5. 維持有緩慢冒泡的小火燉兩小時
6. 等最上面的大黃瓜也熟透帶著淡褐色就可以撈出來享用了

秘訣：封要好吃就要有菜有肉，除了豬五花也可以放雞肉或兩種都放。用甘蔗墊底避免燒焦，也當作甜味取代糖。蔬菜本身釋出的汁液和調味料成為這道菜的滷汁，加酒會比加水更濃厚。

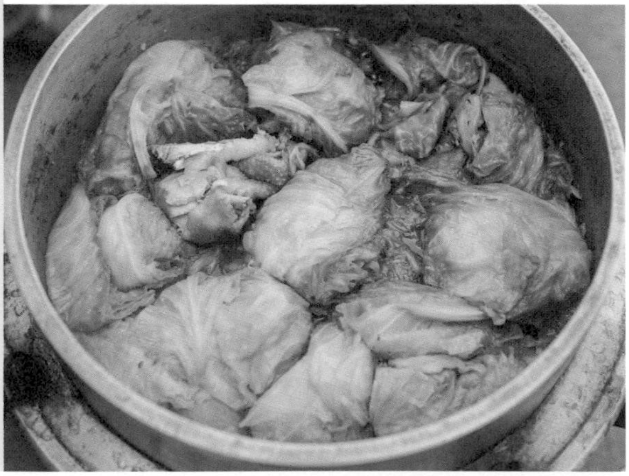

03 老蘿蔔雞湯

黑黑皺皺的老蘿蔔一開始來自秀氣的白玉蘿蔔，經過鹽漬、日曬、搓揉、發酵，從淡黃色的蘿蔔乾隨著時間由黃轉褐、轉黑，開甕時撲鼻甘香，天氣冷就會想要用它煮雞湯。美濃的老人家說以前哪有像我們現在想喝就煮，要家裡有人虛弱或是咳嗽不止時才會用老蘿蔔雞湯來滋補。

雪梅姐做蘿蔔乾，不是用來收藏而是平時就要吃的，雖然是傳統又純樸的客家媽媽，但是她對老蘿蔔雞湯有不同意見，「老蘿蔔和雞同時煮，等老蘿蔔煮出味道，雞肉也爛到不好吃了」所以好吃的雞肉和好喝的湯要兼備，與傳統煮法不同，但好吃有理！

材料：水（雞重 1.5～2 倍）、老蘿蔔二～三條、土雞一隻（剁塊）、薑片約 5 片、鹽酌量、米酒 15cc

步驟：

1. 洗去老蘿蔔表面鹽份、煮滾水 (份量外) 燙雞肉去血水，瀝乾
2. 取湯鍋，放水煮滾
3. 放入老蘿蔔和薑片，轉小火滾約 30 分鐘讓老蘿蔔釋放味道
4. 放入燙好的雞肉，再滾 20 分鐘
5. 倒米酒、試鹹度加鹽，關火

秘訣：老蘿蔔含有鹽份，且每家做的配方不同，一定要先試味道再加鹽喔！薑片和老蘿蔔先煮出味道再放雞肉，湯好喝、雞肉也 QQ 的。

04 豬油豆豉拌飯

雖然豆豉在超市就可以買到，似乎被當成很普通的調味料，但美濃人對豆豉就認真了！光是豆豉的主原料－黑豆就可以讓美濃鄉親討論一番，有人堅持自己留種自己種、有人一定跟誰買，鹽糖比例、砂糖還是冰糖各有所好，但是不約而同的認為用「小黑豆」做的豆豉比較香。跟美濃鄉土很密切的豆豉，在餐桌上也有低調又重要的地位。菜蔬短缺的雨季、沒錢吃肉或是沒空煮菜時，豬油豆豉就會出現，甚至有人覺得吃飯少了它就很難下飯。豬油讓豆豉的醬香更有層次，沒吃過的人可能很難懂，吃過的人不自覺就再來一碗了！

材料：豆豉半碗、自家榨的豬油半碗、剛悶好的白米飯

步驟：

1. 把豆豉和豬油一起放在裡外都乾淨的碗裡，直接擺在剛悶好的白米飯上
2. 蓋回電鍋蓋繼續保溫約半小時
3. 等豬油融化並帶著淡淡醬色時就好了
4. 添一碗白飯，舀一匙豬油豆豉淋上，開動了

秘訣：配豬油豆豉的飯最好不要太軟、可以用來炒飯不會黏鍋的飯。配菜簡單會完全表現材料的味道，所以豆豉和豬油本身就必須新鮮好吃。燙一盤青菜、煎一粒荷包蛋配著吃也很好。

05 酸甜白玉脆蘿蔔

秋冬，是美濃的田地最熱鬧豐富的時期，種著番茄、紅豆、各種蔬菜，沒有一塊地閒著，美濃說是「做小冬」，也是大家通稱的冬季裡作。白玉蘿蔔就是這段時間的大宗作物，幾乎沒有人不種。45天就可以採收，產季只有兩週，鮮吃美味，但是大部分的蘿蔔都要用來醃漬。有人以為醃漬蘿蔔是因為滯銷，對美濃人來說卻是比鮮食更有價值。

不同醃漬方式產生不同味道口感，賞味期不同、料理方式不同、吃法也不同。其中，最簡單、所需時間最短、也最受歡迎的就是酸甜脆蘿蔔，不管粥飯都好配，胃口不好時也能當前菜開胃。

材料：白玉蘿蔔10斤（已去頭）、鹽10兩、砂糖20兩、米酒一碗、醋一碗（米醋或高粱醋）

步驟：

1. 蘿蔔洗好瀝乾，連皮切塊，大小約大姆指樣
2. 加鹽搓揉後放置24小時，讓蘿蔔出水
3. 將蘿蔔撈出放入會過水的網袋中綁緊
4. 用重物(石頭或裝水容器)壓著出水約一天，等蘿蔔剩下四斤左右就好
5. 把蘿蔔倒入乾淨盆子(無油無水)，倒入糖、米酒、醋拌勻
6. 蓋蓋子泡半天讓砂糖融化、汁液混合均勻
7. 將蘿蔔和醬汁平均舀入乾淨玻璃瓶裡，約一週入味就可以吃了

秘訣：盡量切一樣大，味道才平均。切法不拘但每塊都要有皮，有皮才會脆。為了均勻出水，壓的過程中一段時間要翻搖一次。開罐後要冰冰箱，沒冰、放久顏色會變深是正常現象，醃的好的常溫未開罐可以放半年。自己會釀醋的人可以試試看不同的醋醃出不同味道，喜歡辣的人可以加生辣椒或辣醬一起醃。

第四章

好食材，好生態，好市集，好旅行

來和小農做朋友

你預期在農夫市集遇見什麼？

文／蘇之涵　圖片提供／彎腰農夫市集

彎腰耕耘，是農夫面對作物、天與地的謙卑，
而領受天地與農友餵養恩澤的我們，彎腰學習土地的包容，與農夫的踏實。
彎腰是一份反省，讓我們學習對環境謙卑，與自然萬物共生共存；
彎腰是一種態度，讓我們直接購買、在地消費、享用當季、支持小農、保護環境；
彎腰是一股自許，讓我們重新「從心」認識農業、土地、食物與你我的關係。

風和日麗的午後，一頂頂白色的小帳棚下有農人、買菜的人們，偶爾傳來自彈自唱的歌聲，還有開心奔跑追逐的毛小孩。市集的中間有個方型的花台，四張小圓桌與陽傘綻放，人們隨興坐著曬太陽。有陽光與微風，氣候宜人，有一群人聚在鬧區的角落，度過美好的下午。

除了樂活，這裡也是主婦、主夫們展現精打細算本色的戰場，挑選適合全家的菜色，如何保存、料理，如何栽種、在哪栽種，都是料理人關心的問題。這裡是彎腰農夫市集，每個月的第三個禮拜天在政大公企中心開市，每次約有二十多個攤位，蔬果葉菜、手作加工、生活用品，都可以在這裡挖寶。

Q 為什麼要在城市裡辦農夫市集？

在城市辦農夫市集，格外的有意義。從土壤長出來的草根、糧食與文化，是社會起始的源頭，沒有穩定安全的糧倉，城市也無法獨立存在。消費與生產得放在一塊，才是完整的產業結構，也因此，

城市跟鄉村的發展必需共好，才能相互支持彼此的社群網絡。

農夫市集是拉近生產與消費距離最好的方法之一。有人說，怎麼樣才能吃到安心的蔬菜？找一位你信任的農人就對了。不知道去哪裡找？農夫市集是個好的起點。農友們自己來賣菜，雖然沒有專業的行銷和包裝，但是相較於傳統或大型的銷售，消費者可以直接詢問作物栽種情形，有沒有用藥、如何抑制病蟲害，甚至如何料理。這些關鍵資訊，可是一般市售的精美包裝上找不到的呢。

Q 農人在彎腰擺攤，可以拿到比較好的收入嗎？

在現行的農產銷售體制中，標籤上的末端價格跟實際進入農人口袋裡的金額有相當的落差。平均來說，農產品經過盤商收購、集貨、包裝、行銷，到賣場售出後，生產者可以回收的利潤約只有售價

彎腰農夫市集 小檔案

「彎腰」摘取農夫彎腰耕作的身態，提倡人與環境的謙卑和共生，同時提倡四個基本價值：小農耕作、綠色消費、糧食自主、在地農業。

彎腰農夫市集至二〇一四年已邁向第五年，之前曾搬過幾次家，從台大蒲葵道、寶藏巖，到目前穩定經營的政大公企中心。頭兩年的彎腰生活節，是集結眾人之力而成的盛大活動，台大農藝系所、台大校內的學生社團、關心環境與生活的大小NGO、民間單位，共十多個單位一起投入。二〇一〇年市集的樣貌逐漸成形：農業與食物論壇、親子手作坊、還有來自台灣各農友們，共同為了土地正義與糧食安全的目標，齊聚一堂，將最好的食物呈現給消費者。二〇一一年九月起，由浩然基金會與台灣農村陣線共同協力的「小農復耕」計畫傳遞了彎腰的薪火，將農夫市集固定為每月一次的頻率，讓綠色消費得以穩定的在城市裡成長與累積。

時間：每月的第三個周日，早上十點至下午五點　地點：政大公企中心　台北市大安區金華街187號

的三成。而這三成必須要支付農人購買種子、肥料、農藥，以及大量投入的人力成本。然而，在農夫市集販賣的產品不用經過盤商、物流、經銷等層層關卡，自己就能夠掌握實際的利潤，也因此，定價能更實際的反映食物的價值。

我們認為「直接跟農夫買」是最能實質支持小農的方式。既能與生產者面對面，又能透過直接購買，讓消費者的每一塊錢都花在真實的食物上。同時，也搭建城鄉之間的連結，讓生產者與消費者可以互相被看見。讓買菜、吃飯不只有標籤價格，還有信念和人味。

Q 彎腰如何為品質、食安把關？

在彎腰，你可能會買到有機蔬果，或友善環境的蔬果。怎麼區分呢？依照法規，只有通過有機驗證單位標準的農場才可使用「有機」的字樣，這些農場依規定不得使用農藥與化學肥料，每年還會定期抽檢，確保葉菜蔬果的安全。

「友善環境」則泛指通過專業檢驗單位「無農藥殘留」（亦稱N.D.）檢測的農作物。這些農作物依照不同的特性與田間管理方式，栽種期間不使用、或低度使用農藥和化學肥料，以符合最後的產品無農藥殘留。

2011 年 10 月

彎腰生活節 @ 台大蒲葵道，透過市集，青年積極參與援農，理念團體各自發聲，連結城鄉，讓每一個人「看見、對話，與改變」。

2010 年 10 月

彎腰生活節 @ 台大蒲葵道，十月是稻子黃熟的季節，也是彎腰回報農人辛勤的時節，重新「從心」認識農業、土地、食物與你我的關係，展現綠色消費的力量。

2009 年 11 月

彎腰生活節 @ 台大蒲葵道、農業陳列館，舉辦「有機嘉年華」、「 和音樂會」、「臺大綠遊季」，聽見農民的聲音、關注農村的美麗與困境、討論農業面臨的挑戰。

Q 彎腰只賣有機認證的產品嗎？

彎腰不特別強調有機驗證，有兩個原因，一方面是申請有機與驗證的費用相當高，市集希望友善剛起步、也有心投入的小農們；另一方面，我們更強調「友善環境」的價值，因為來農夫市集消費，不只是為了呷健康，更重要的是理解人與環境的共生共存，不過度開發與使用地力，讓土地與萬物也有生存的機會。當然，農夫市集做為產品的銷售平台，品質的把關也是不可迴避的責任，因此，彎腰在攤位申請與品質檢驗上，也逐步累積出一些做法。

Q 進入市集後，如何確保農產品長期的生產安全？

我們把這件事分為兩個層次來想。彎腰鼓勵消費者多跟農友們接觸、多問多聊，我們偶爾也會安排活動、參訪，讓消費者有機會親身參與農務生產。我們認為，和農友一起下田勞動是最直接的互動，也是最快速建立信任的方式。

此外，市集會進行不定期的產品項目抽檢，驗農產品的農藥殘留、加工品的防腐劑、人工添加物、重金屬、大腸桿菌群⋯等等。一旦出現不正常的殘留，產品需立即下架，由

2013 年

彎腰生活節 @ 政大公企中心，我們要尋回這樣的權利：自己決定要吃什麼、生產什麼。當我們越在意每天的菜籃和餐桌，就越有可能扭轉失衡的食物鏈。

2012 年 10 月

彎腰生活節 @ 寶藏巖，關心農人、農業和土地，一起支持：小農耕作、綠色消費、糧食自主、在地農業。

工作團隊與生產者共同探究可能的原因，並找出符合現實狀況的解決方式，再次檢驗確認安全後，才得以販賣，以確保消費者信任關係與食用安全。

Q 加入彎腰要經過怎樣的審核？

想加入市集的攤位，首先要提出書面申請，除了農場／攤位介紹、販賣品項的說明，還要提供有機驗證，或農產品無農藥殘留檢驗的證明，市集工作小組會依據小農生產、友善耕作等原則進行初步篩選。入選的申請者會受邀到市集農友會議做簡報，包括自我介紹、務農的理念、田間管理方式等，讓市集現有的農友能更了解申請人的情況。取得現場三分之二以上農友的支持，工作小組會與市集農友進一步到產地實際拜訪。拜訪後再共同決定是否接受申請，同意進入市集擺攤。從申請者提出書面資料，期間的互動，到實際進入市集擺攤，通常會需要三、四個月的時間。

Q 和其他農夫市集比起來，彎腰有哪些特色？

早期的彎腰農夫市集社運色彩鮮明，擺攤的團體們多為各地關心土地徵收議題的自救會團體、環境議題 NGO、長期投入地方公共事務的小農們；而後，隨著階段性轉型，彎腰穩定的步上軌道後，生鮮與生活用品類的攤位逐漸增加。目前有五大類型的攤位：社會議題、生活文創、小規模家庭農場、友善耕作、小農復耕點。

每月一次的彎腰市集，希望能匯集越來越多人對飲食、農業的關注和討論，連接城市與農村的橋樑，一起打造共好的未來。

2014春季彎腰市集新農友申請與審核流程

加入彎腰市集的申請辦法：

1. 送相關資料至市集聯絡人，由市集工作團隊與共同管理委員會針對申請條件進行初步評估。
2. 參與市集、感受市集氣氛，市集當日與彎腰農友互動、介紹生產理念，需取得現場三分之二以上之彎腰農友的同意。
3. 由工作團隊與區域鄰近彎腰農友進行產地拜訪，進行最後確認。

加入夥伴的評估標準：

參與標準（必要）：直接生產者（小農為主）、友善耕作（無毒檢驗）、農產品開發者或相關商品（友善環境、土地、消費者）

參考標準（加分）：特色產品（其他市集沒有的品項）、不與既有品項重複、理念接近

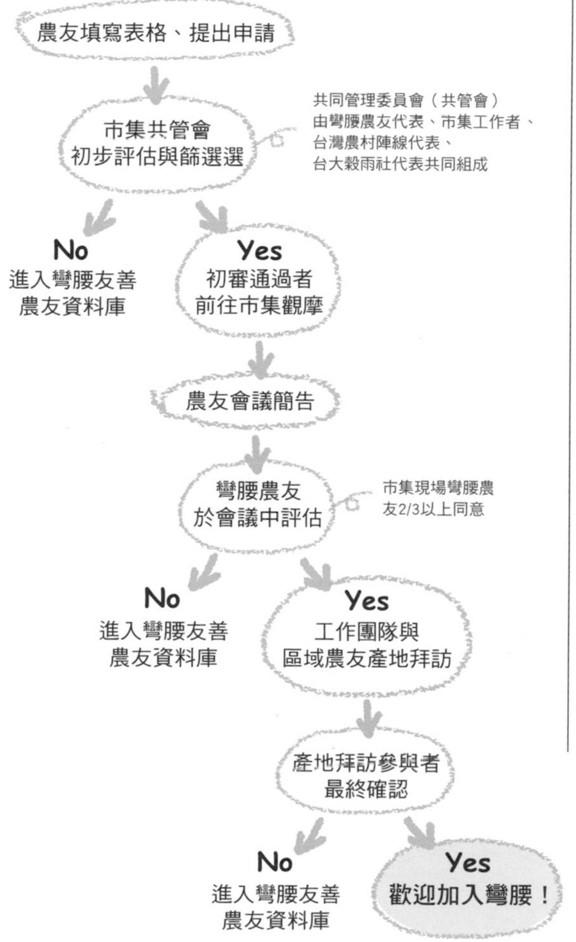

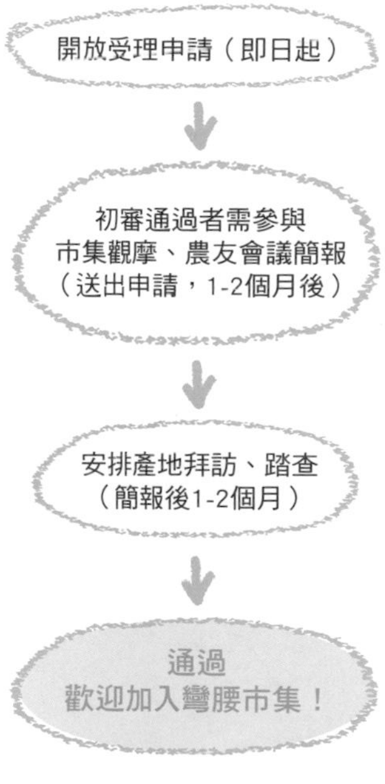

＊完整申請標準與流程以2014彎腰市集運作機制文件為主，請至彎腰農夫市集部落格 http://bowtoland.blogspot.com 下載

來和小農作朋友

小規模家庭農場類

小村六戶

好物：稻米、農產品、窯烤麵包、友善環境清潔用品、手作織品
聯絡：歐陽夢芝 0932-624-124

吉野一號／吉野一號是歷史悠久的品種，又名「天皇米」，特色是米粒大、風味佳、即使冷了仍有黏性，但因植株高，容易因多雨而倒伏，故不易照顧，產量有限。有興趣嘗鮮的朋友可以試試！

陽光很好的時候，情感和穀子一樣，可以日曬，就是自食其力，好好的、踏實的生活。

日照有機農場

好物：雞蛋、新鮮雞、葉菜
聯絡：呂文志 0932-347-725

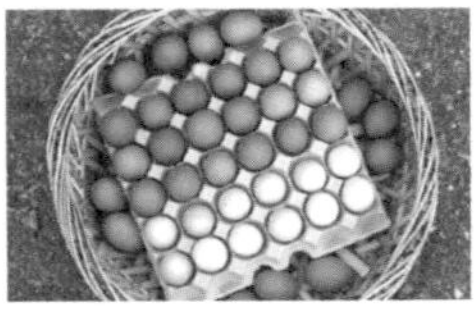

ISA 種雞蛋／ISA 是日照呂先生飼養的主力雞種，呂先生用自己調配酵素、天然好食材按比例給雞作為飼料，配合天氣，夏、冬有不同做法，讓每一隻雞都有足夠的抵抗力，減少疾病、寄生蟲的發生，這樣生出來的蛋格外健康。

自調酵素、天然好食材，配合天候節氣，讓每隻雞都有抵抗力。飽滿緊實的蛋黃，跟市面雞蛋就是不同！

安安農場

好物：柚子蜜、龍眼蜜、百花蜜、蜂蠟、蜂王漿

聯絡：陳敬安 0921-871-838

柚子蜜／害怕蜂蜜會有防腐劑或農藥殘留？別擔心，如果是真的蜂蜜就不會有農藥殘留，因為蜜蜂小小的身體無法承受任何農藥，所以蜜蜂一般會採的蜜絕對都是自然無害的。

春暖花開的時節，是養蜂人最忙碌的時候，柚子蜜的清甜、淡雅令人難忘。

花田厝

好物：自然日曬米、豆類雜糧、豆花、黑豆醬油、花生醬、手炒玄米茶

聯絡：游麗花 0953-049-168

黑豆豆花／花媽生產的雜糧量少而多元，除了賣黑豆，她也會不定期的做各種點心，夏天賣冰涼的黑豆豆花，冬天用火箭爐保溫熱騰騰的薑汁，加點在豆花裡，甜蜜而溫補，驅逐一身的寒氣，還有小農食材特有的手作溫度。

有米、有豆、有雜糧，來自宜蘭、物產豐饒的幸福！來碗黑豆豆花，冬暖夏涼都合你的口味。

源禾綠的農場

好物：蔬果、植物染、農產加工、生活用品
聯絡：程超傑 0922-501-190

小農能生產的東西有多少？來一趟源禾綠，挑戰你的想像力！

義大利麵醬／源禾綠的產品實在太多，很難決定到底要推薦什麼好，春冬才有的義大利麵醬是一絕，麗月姐用自家生產的有機番茄，加上香料熬煮成天然的紅醬，雖沒有外頭賣的醬料那麼濃稠，不過拌飯、拌麵，或是作為烤土司的抹醬，都是好用的懶人食材。季節性美食，數量有限，及早搶購。

輝要無毒菜園

好物：蔬菜、農產加工、楊桃汁、紫蘇梅汁
聯絡：邱顯輝 0921-162-143

洛神花蜜餞／洛神花不只在台東喔，台北近郊也有，秋末冬初是洛神花的季節，醃漬過的洛神花有酸酸甜甜的好滋味，單吃、泡茶、作成果凍都是讓人忍不住一口接一口的小甜點。對洛神蜜餞製成有興趣的人，也可以走一趟土城彈藥庫，體驗捅洛神花的農產小加工（需事先詢問預約）。

台北近郊最容易抵達的有機農園，偷偷告訴你，這裡秋末還可以採洛神花喔。

竹南崎頂

好物：有機草莓、蕃茄、草莓果醬
聯絡：謝文崇 0932-775-605

「農地保衛戰即將開打！」透過崎頂的農產，來告訴你捍衛家園、糧食、土地的決心。

有機草莓果醬／謝家從日據時代起便在這裡耕種，之後被劃為國有地，謝家便繼續承租。過熟的、受水傷的「草莓格外品」就會成為酸酸甜甜的果醬，泡茶、抹土司餅乾都是好良伴！

阿麟師安心蝦

好物：白蝦、蝦乾、蝦粉、手工魚丸、虱目魚肚
聯絡：阿麟嫂 0988-829-542

新鮮健康的蝦子，色澤紅潤，肉質Q嫩彈牙，撥完殼手指完全沒有腥味。也可以曬成蝦乾，太陽下曬兩天就可以完成，蜷縮的蝦肉、酥脆的蝦殼，嚼起來有淡淡的海風味。

來自高雄湖內的白蝦，每年七月是大出的產季，無毒養殖讓白蝦健康有活力。

上下游新聞市集

好物：小麥練習曲、果醬、回家李果乾、醋、日月潭紅茶
聯絡：章雅喬 04-2378-3835

小農的雜貨鋪，一年四季都有好物！

回家李果乾／採用台灣乾淨山林栽培的紅肉李果子，經檢驗無任何農藥殘留，與豆之家食品公司合作，用單純的心與獨家保存技術製作果乾。我們挑選健康天然的果實，微糖蜜漬，烘乾保存，不添加任何色素、香料、甘味劑、漂白劑、防腐劑，請安心快樂享用。

友好農產

好物：梨子酒、雨林咖啡、東勢水果、全米厚片
聯絡：童智偉 0919-632-769

喝酒喝咖啡也能友善小農？找友好農產就對了！

小農下午茶／微風徐徐的下午，用無油無糖的全米厚片，抹上來自宜蘭的天然金棗醬，來顆紅薏仁牛軋糖，再煮上一杯雨林咖啡。小農下午茶，給您來自土地的豐盛滋味。

台灣藍鵲茶

好物：坪林包種茶、東方美人茶
聯絡：郭明揚 0975-522-988

文昌包種茶　祈福滿分包／喝茶就跟品酒、喝咖啡一樣，每個人都有偏好的口味，說了這麼多，還是自己試喝最準了。台灣藍鵲茶特別準備別具創意的祝福歐趴包，希望打入年輕人的市場，也讓初次嘗鮮的茶客有機會帶回家慢慢品嘗。

喝茶也要有概念！社區協力型茶（CST）希望培養一群認同茶農理念、口味，也願意分擔風險的嗜茶客，買茶的同時也推動環境共生的理念。

海風野味

好物：澎湖海鮮醬
聯絡：何欣潔 0911-371-768

海鮮醬／下班太忙沒空煮飯？用小魚乾、醬料製成的海鮮醬來拌麵、拌飯十分方便，用以熱炒空心菜、山蘇等口感較韌、味道較清淡的綠葉類蔬菜尤其適合。

海鮮醬用以熱炒空心菜、山蘇等口感較韌、味道較清淡的綠葉類蔬菜尤其適合。

草地純釀

好物：二林葡萄酒、小米酒調酒
聯絡：彎腰市集見！

不多說，先來杯小米找到愛，再來杯二林葡萄紅，台灣也有自己的釀酒！

青翠葡萄紅／葡萄酒是由彰化二林的農友顏媽媽，在台灣加入WTO，公賣局不再收購金香葡萄後，毅然決然申請酒庄，以台式方法釀造葡萄酒。直接品嘗或做成調酒各有一番滋味。調酒以蘇打水調和，作為雞尾酒的基底，再搭配新鮮的當季水果，即是夏天派對的好夥伴。

部落 e 購

好物：葉菜類、根莖類、部落特有食材
聯絡：史進發（Lilu）0982-118-660

不知道要煮什麼？來部落 e 購找靈感！時節農作跟部落農產給你特色好料理。

宜蘭縣崙給原住民永續發展協會

好物：段木香菇、蔬菜、野菜
聯絡：黃聖君 0938-056-536

段木香菇／部落往山上走，有叔叔們細心照顧的段木香菇，一年有夏、冬兩個產季，其中又以冬季的品質最佳，肉質鮮美，味道濃郁，很適合燉湯。

少量多樣的時節農產，是寒溪部落叔叔阿姨們的用心，加上部落年輕人的投入才有的喔。

黑糖片刻

好物：手工黑糖、薑味黑糖
聯絡：張玥騰 0921-560-799

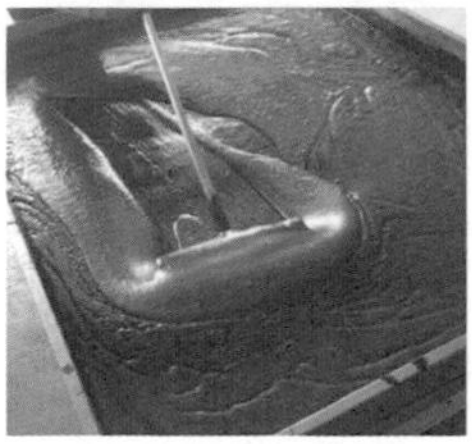

薑味黑糖／寒冷的冬天是黑糖熬煮的季節，香醇濃郁的甜，當零食、煮甜湯、泡熱飲，或者再加工為其他甜品都是絕配。

寒冷的冬天正是黑糖熬煮的季節，香醇濃郁的甜，零食、煮甜湯、泡熱飲都是美味絕配。

竹南大埔

好物：手工薑糖、花生豆腐腦、有機葉菜
聯絡：蕭佩均 gingercandy.service@gmail.com

花生豆腐腦／花生與地瓜粉熬煮而成，綿密結實的豆腐腦有濃郁的花生香味，搭配薑汁黑糖作為佐料，是獨特又道地的客家點心。

大埔薑糖、花生豆腐腦、客家美食，一吃就難忘。在用心的滋味中，細細品嘗土地的美好。

順安養蜂

好物：蜂蜜醋
聯絡：張永坤 0976-585-803

蜂蜜醋／夏天喝冰涼的蜂蜜醋最棒了，酸酸甜甜好滋味，喝多不膩還促進消化，而且還有聽不完的故事。照顧蜜蜂讓我們學習更多的人生，阿坤總是這樣說著，他從照顧蜜蜂，習得了一套人生觀，對人、環境有著滿滿的愛。

蜜蜂教我們的事，是對土地的深情，以群體力量共同守護，就像一家人一樣無私奉獻，一代傳承一代下去，生生不息。

水賊林友善環境組合

好物：鴨間稻、地瓜、玉米筍、青仁黑豆
聯絡：蔡得黃（菜刀）0933-570-937

青仁黑豆／12月是黑豆收成的時節，每到這個時節，堅持友善環境農法的水賊林就會出動大批人力採豆子。因為沒有人會為了幾分地，特地開收割機來收成，所以採豆子、脫殼都得自己來。

黑豆怎麼吃？黑豆漿、沖泡黑豆牛奶、泡黑豆茶，都是簡單的養生之道。

古早田小農之家

好物：自然日曬米、手作花生糖
聯絡：黃子騰（阿田）0911-822-841 黃鵬璋（嘉宏）0955-282-923

桃園3號特有的芋香加上日曬陽光味，幸福的味道就是這麼自然。

桃源香梅——米如呼手作坊

好物：脆梅、Q 梅、梅精、梅醬
聯絡：吳秋芬 0955-115-782

梅精／四月初採收的青梅榨成青綠色的梅汁後，酸酸澀澀的味道再連續熬煮數十個小時，熬成黑色的膏狀，就變成梅子的精華，濃稠梅子膏，酸中帶甘味，促進腸胃消化、調整身體的酸鹼值，也有增強免疫力之說。

桃源的梅子，個頭小巧卻滋味醇厚；不撓的生命力，總要每年開花結果，年年用心手作。

歷坵（魯拉克斯）友善農產

好物：小米、小米酒、avie 小米粽
聯絡：謝聖華 0928-183-261

小米釀／盛夏是小米收穫的季節，杜媽媽會將收成的無毒小米精心製為小米釀，搭配酸漿葉蒸煮的小米粽包鹹香山豬肉，這可是農家才有的華麗組合。不過，想喝小米釀還得耐心等候，十月彎腰生活節才能開罈上桌！

喝一口小米釀，搭配鹹香入味的小米粽與山豬肉，這可是農家才有的華麗組合。

小東河手作坊

好物：橘子醋、妞妞冰淇淋、自製當季青醬、手作生活用品、獨立出版品
聯絡：徐彩雲 0978-523-224

妞妞冰淇淋／用在地小農農產、四方鮮乳手作的冰淇淋，不同時節有不同的口味，桑葚、南瓜、牛奶、抹茶…，口感獨特的天然冰淇淋，來試試！

「內有精靈，小心魔法！」光爸、彩雲和光家五個孩子，一家七口過著半農半 x 的生活，在充滿愛的環境裡，讓孩子發揮自己的天賦，活出自我。

冶綠有機棉

好物：有機棉衣服、毛巾、口罩、手帕
聯絡：薛焜中 02-2587-2777

有機棉 T －大地剪紙系列／冶綠 2014 春夏，新的嘗試。與關懷大地的剪紙藝術家韻竹合作，推出兩款有機棉 T 大地剪紙系列 - 誕生 & 聽聽。

一件平價的有機棉 T 就有一種可能，用一種溫柔的堅持，來改變我們的生活態度，改變我們的世界。

來自泰緬邊境的 CHIMMUWA 奇姆娃手作坊

好物：友善耕作棉、植物染、手織布、各式布製生活用品、包包

聯絡：邱裕婷 0958-426-136

有機植物染的美麗，一針一線的故事，我們用心看見了泰緬婦女的驕傲。

青芽兒

好物：青芽兒雙月刊

聯絡：舒詩偉 away1103@ms25.hinet.net

青芽兒雙月刊／這樣一份紮實的雙月刊，從創刊至今皆由兩到三位的核心團隊來處理編輯、徵稿、校稿、美編排版、送印等所有環節。在贊助戶的贊助資金未必穩定的情況下，阿偉仍舊持續出刊，每期的撰稿人也都義務寫稿。

「能否藉著全球化的契機，我們不願自求多福，而是能主動的共同的來開創社會永續發展的新局面？」

野上野下

好物：陶版飾品、植物敲拓染、農村文創、美濃自然農產品
聯絡：周季嬋(大頭) 0971-129-822

選一個初夏的好日子，跟著野上野下一起探險，重新認識這片土地的美好！

自然紅豆／十月上旬播種，一月下旬採收。最低用藥，堅持不灑除草劑，以手工方式除草。紅豆以自然的方式緩慢累積冬陽的養分，採收也堅持不灑落葉劑，待豆株自然成熟、乾燥，比一般種植方式多花了一個月等待、少了一些產量，換來無怨無悔的濃密滋味。日曬，不僅是天然的防腐劑，也讓紅豆的美味更濃縮。

綠兔子

好物：自然民具、非塑膠製生活用品
聯絡：洪閔慧 0975-327-812

水龜／寒冷的冬天，來顆水龜取暖，古早時代的暖暖包有著金屬外殼和圓滾滾的肚子，睡前裝入熱水，放進被窩，可以暖暖的保溫整個晚上。生理痛、冬天腳底冰冷都好用，是女生們的好夥伴！

自然民具 = 價位合宜 + 生活所需 + 設計簡單 + 環境友善。

台大穀雨社

好物：明信片、書籤、葉拓杯墊
聯絡：石冠倫 0920-261-276

期許自身如秧苗，受雨水滋潤而逐漸茁壯，理解農村，走進真實，傳承農鄉堅韌的生命力。

台灣農村陣線

好物：農村議題 T-SHIRT、毛巾、書包、書籍
聯絡：02-2322-3120

農用書包街頭版／由台灣農村陣線設計，委託台南老店「合成帆布行」生產。「農用」兩字，是翻拍於鄉間所見的農用貨車上的字樣。希望藉由農用書包，邀請大家一起來服務農村，為農所用！

從土地出發，向農民學習，與農民站在一起。

快樂樂生

好物：樂生口述歷史、攝影集、貼紙
聯絡：黃涤 0988-532-453

樂生：頂坡角一四五號的人們／本書的發想是自 2006 年初，幾位進入樂生療養院的醫學生開始進行，陸續有其他加入的成員參與院民訪談與文字整理。

我願意大膽想像，另一個美好的世界裡，就算要興建捷運，也應該容得下九十歲的阿嬤與他心愛的貓。

苑裡反瘋車自救會

好物：手編藺草織品
聯絡：林秀芃 0987-027-207

手編藺草織品／苑裡靠海，藺草的手編是當地婦女從小就會的生活技能，雖然後來多為機器編織所取代，但一摸到藺草，婦女們仍有深植在記憶裡的手感，一張張美麗的草蓆、草帽便逐一成型。

我們支持台灣的永續能源發展，更希望風車的建造和規範必須透明公開公正。

料理最前線

好物：豆漿麵包、紫米麵包、黑豆麵包
聯絡：身土不三 0930-799-293

戴上面具只為了讓你看見我們的存在，聽見我們的聲音，我們可以是任何人，在前線抗爭、生活，也彼此學習新的技藝……

前線豆漿土司／相信大家在3月29日（士林王家被拆除之日）前後，都有在附近的永和豆漿補充熱量跟上廁所吧。料理最前線在每個工作的深夜跟清晨，也喝掉他們很多熱豆漿。因此延續這份記憶，最前線的豆漿土司樸實好吃，散發著清新的豆漿跟蜂蜜香，給所有一起抗爭喝豆漿的人。

貢寮自然最貴

好物：天然ㄟ米、野生川七、反核文宣
聯絡：吳春蓉 0982-703-071

野生川七／地產野生川七，現拔現賣，「雖然我們的東西不是山珍海味，但都是用天然方式種出來，簡簡單單的料理，就可以很好吃，自然就是最好的阿！」

雖然我們的東西不是山珍海味，但都是用天然方式種出來，簡簡單單的料理，就可以很好吃！

風土小旅行

桃源香梅小旅行

安排一個假期，特意驅車前往南橫山區的勤和部落，將是一趟重建與希望的旅程。

八八風災後，荖濃溪流域沿線的基礎設施在寶來以降的地區大致已經修復，桃源地區因為河床淤沙很多，大雨雜帶土石沖刷，雨季時聯外道路仍常中斷，但十一月至隔年五月的乾季，底盤較高的車輛仍可上山。

沿途，你將看到自然的力量與人類的渺小，山上堰塞湖潰堤傾流而下的景色，永遠忘不了。氣候變遷的環境災害就在眼前；節能減碳、友善環境不再是口號，而是即刻必須的行動。

進到村落，二十幾戶留鄉的居民，相較於水災前的百戶人口，顯得冷清；但往上走到汛期避難的勤和平台，從高處眺望，看見農友們努力照顧的huma（果園）與各家戶避難工寮前種菜養雞的景象，以及由紅十字會台中支會援建、謝英俊建築師設計的大型公用避難屋，可以深刻地感受到村民留鄉經營、逐步穩定生活的決心。

桃源部落媽媽們的「桃源香梅手作坊」也位在平台上，每年三月下旬青梅開始採收的時節，加工坊也開始忙碌。給自己一個上山的理由，你會更加珍惜日常的美好與可貴。

行程1 賞梅小旅行

十二月底到一月中旬，勤和部落周圍群山，遍野的梅花盛開，染白的山頭很值得一遊。

●第一天

出發：早上從高雄左營市區經國道10號，下終點站旗山後沿台27線，進到勤和部落約2.5小時，中途在寶來稍微休息用午餐，下午抵達勤和部落。

導覽：由香梅大姐們介紹村落周圍環境以及八八水災前後的改變

泡湯：前往鄰近的玉穗溫泉泡湯，放鬆旅程的疲憊

晚餐：勤和平台原味烤肉BBQ

住宿：夜宿平台避難屋，觀星及體驗汛期農友在山上生活

●第二天

野餐：梅花樹下野餐，享受梅香撲鼻的浪漫

參訪：桃源香梅手作坊，媽媽們介紹各式青梅加工、發展部落旅遊的想法

午餐：享用結合部落食材與媽媽們創意的「風味梅子餐」，下午賦歸

時間：十二月到一月中旬

行程：兩天一夜

人數：接受15至20人團體（中型巴士可上山），需事先聯繫與確認山上交通狀況。散客暫時無法接待，但可提供山上資訊

費用：依行程規劃與人數，與手作坊聯絡討論

報名：桃源香梅手作坊，吳秋芬 0955-115-782

行程2 援農換宿

三月下旬開始的梅子加工期，從採收到加工需要許多人手幫忙，歡迎享受體力勞動與農務節奏的個人或小團體（五人）以下報名援農。

時間：三月下旬到四月底的梅子加工期

行程：大量的體力勞動，協助青梅採收及各項加工勞務

條件：刻苦耐勞、享受體力勞動與農務，有三天以上或一週可以與農友一同工作

餐宿：與農友共食農忙時期的大鍋飯菜，安排避難屋或農家寄宿

費用：援農換宿的參加者自行負擔來回交通，援農期間食宿由手作坊安排

報名：桃源香梅手作坊，吳秋芬 0955-115-782

交通：

●自行開車者：中型巴士及高底盤的休旅車可以上山。經由國道10號到終點站旗山後，轉台27線上山。

●搭乘大眾運輸：高雄客運總站可到寶來，往上到勤和需要請農友協助接駁。

高旗號：高雄客運高雄站到寶來

國道10號快捷公車：高鐵左營站到旗山站後，再轉乘到寶來的公車

住宿：

●寶來：有溫泉旅館可投宿

●勤和部落：需事先與農友聯絡，由農友協助安排借住農家或避難屋

私房景點

■勤和平台公共避難屋

由謝英俊建築師團隊設計監造，並由勤和村民參與施工，材料及工法均符合環保生態。強調從當地環境取材、結構簡單、居民可以參與的設計，不但在汛期充分發揮避難用途，更獲得 2011 台灣建築獎的肯定。

■公田梅園

梅園長期沒有施用農藥及化肥，由工坊租借為公田，繼續以草生栽培、人工砍草的方式管理，是工坊無毒青梅的主要來源，也是冬季賞梅的好去處。

■玉穗溫泉

位於勤和村玉穗溪上游約 1.2 公里，八八風災後多處的溫泉源頭被土石流淹沒，二〇一二年有一處溫泉露頭再度被挖掘出來。原本的溫泉極有特色，同時有白硫泉、碳酸泉與玉穗溪冰涼的溪水，風災前是南橫公路上泡湯跟露營的祕境，為私人經營，需要付費。

■寶來 36 咖啡愛玉

位於寶來街上，店內的裝潢樸素而有巧思，店內陳設店主人阿英姐自己的陶藝作品，還有木頭裝潢剩餘的木料切片讓遊客留言。愛玉及冰品配料都是自家熬煮，其中的小米紅豆愛玉，很有特色，是別處吃不到的好味道。行經寶來稍微休息一下，來碗愛玉冰，是旅程中微小但確切的幸福喔！

■伴手禮

桃源香梅的青梅加工品，愛玉子，四到五月盛產夏季蜜桃和紅肉李。

歷坵小旅行

走吧。穿過水泥的灰，行經海水無垠的湛藍，一路向南，往山裡去。

歡迎支持小農的朋友們來拜訪歷坵的魔法森林，感受公田生機與能量。透過田間勞動及與農友的互動，參與的朋友能更深地體會小米文化之於部落的重要性。由鄉公所主辦的小米聯合祭典，每年七月輪流在各村舉辦，內容包括：文化祭儀、競技體驗活動行程、傳統舞蹈、嘉年華晚會、部落市集工藝展售等。

時間：七月小米聯合豐年祭；平時可安排歷坵部落小旅行

行程：兩天一夜遊程規劃設計，依照部落裡的傳統農作時序、部落慶典，也可接受旅者規劃之行程安排，以避免對部落帶來過度干擾及影響農忙時期採收的進度為前提。

報名：歷坵，謝聖華 0928-183-261

交通：搭乘南迴鐵路至金崙站，轉搭計程車至歷坵社區

住宿：安排歷坵在地民宿或寄宿家庭

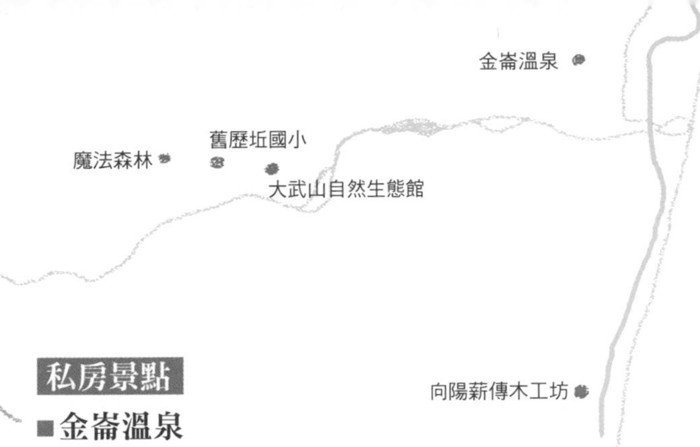

本頁圖片取自各景點官網

私房景點

■金崙溫泉

金崙溫泉位於台東太麻里鄉的金崙溪畔，自古以來就是排灣族人傳統的露天溫泉浴場，泉水自河床旁冒出，騰騰熱氣和潺潺溪流聲相伴，保有原始的山野風貌。泉水屬於弱鹼性碳酸氫鈉泉，無色透明且稍帶硫磺味。天然的野溪溫泉，在八八風災中曾受到破壞，不過沿岸仍有溫泉旅館可供選擇。左圖為金崙瓦達民宿。

■大武山自然生態館

大武山是台灣五嶽之一，是魯凱族和排灣族的聖山，還曾經在自然保留區中發現台灣雲豹的蹤影。大武山生態教育館介紹原住民文化與大武山森林生態。走過金崙溫泉、前往歷坵的路上，不妨稍微停下腳步，進去瞧瞧。每週一休館。

■多良海岸、向陽薪傳木工坊

向陽薪傳木工坊位於多良國小舊址，坐落山腰間，迎著太平洋。戶外的望海平台，是眺望多良海岸最佳的地點。工坊在八八風災後成立，運用漂流木製作木工藝品，相當具有特色，也支持在地經濟。

■舊歷坵國小

歷坵國小裁撤之後留下的學校舊址，現在是部落主要的活動場地，舊教室也成為小朋友課後聚會、以及農產加工與展示的空間。入口處有以排灣族百步蛇圖騰所設計的入口意象。

■魔法森林

魔法森林位於歷坵部落的盡頭，500年的茄冬老樹、可以盪鞦韆的老樹藤、寧靜適合散步的森林小徑，這是一個有著滿滿能量，你會忍不住回頭看看有沒有小精靈跟上的心靈故鄉。

水林小旅行

水賊林團隊與一般想像中的農夫很不一樣，他們是真正與土地共生的農夫，同時也雅好音樂，常常三五好友揪一團，興之所至，在田間、樹下彈琴唱歌。來到水賊林，可以體會到不同於一般農村的小清新！目前可提供黑豆與地瓜採收的體驗，讓大家來手工採收黑豆、地瓜。採收當晚，即可享用水賊林現採、現作的農家好菜！

日程：兩天一夜
期間：十二月黑豆採收季；一月地瓜採收季
費用：5至10人成團，每人800元；烏克麗麗行程另計
餐宿：農家共食，夜宿蔡得黃自宅
交通：可搭統聯客運或日統客運到北港站，與水賊林聯絡接駁；自行開車亦佳
報名：水賊林，蔡得黃 0933-570-937

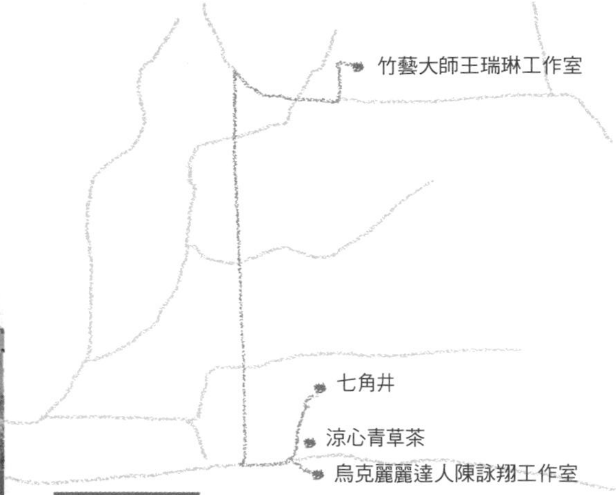

土瑞琳先生製作的福椅，圖片取自社區通網站

私房景點

■烏克麗麗達人陳詠翔工作室

水林不只是地瓜的故鄉，也是台灣的烏克麗麗生產地。來水林玩，可以體驗農事，還能親手彩繪自己的烏克麗麗！這裡是全台灣唯一僅剩的手工烏克麗麗吉他工廠，如需訂購或參觀請洽 0985-639-988

■涼心青草茶

水林鄉的藥草田很多，是台灣藥草的產地之一。來到這裡，當然不能錯過歷史悠久的「涼心青草茶」！老闆用自己種的藥草熬成的青草茶，在水燦林國小旁邊的街角販賣，已經有四十年了，是陪伴許多水林人一起成長的好味道。

■七角井

水林的開發幾乎就是台灣漢人移民史的首頁，因此這裡的人文遺產相當豐富且有特色。其中「七角井」可說是水林獨有的景觀，它以方塊壁磚排列出七角形，與一般圓形水井大不相同。水林鄉七角井有「中庄七角井」、「紅毛路七角井」、「車港七角井」等造型，各具不同風貌。七角井大多造於明末，甚至早於荷蘭時期，距今已有三百年歷史。如果你對地方人文有興趣，非常值得「朝聖」一番。

■竹藝大師王瑞琳工作室

王瑞琳是台灣竹藝界的大師級人物，早年為了學習竹藝技術，特地到南投拜師。學成後回到水林鄉創業，至今已有四十年歷史。為了傳承這項技術，王先生常到各中小學示範，也很歡迎各界團體參觀。

北港小旅行

北港是很典型的台灣農村，小村莊裡一戶挨著一戶，左鄰右舍，大家雞犬相聞地住在一起。村子裡的巷弄彎彎曲曲，從這邊的大路進去，鑽過來鑽過去，又從同一條大路出來了。雖然住得緊密，可是卻又沒有擁擠的感覺，幾乎每一戶都有自己的小院子。而田地就在村子外圍，如果家裡缺了蔥蒜土豆，就到田裡採個幾把，回來馬上洗淨下鍋，那新鮮的氣息，可以把任何山珍海味都比下去！

日程：農家體驗行程，兩天一夜
期間：一月花生採收；三月水稻插秧
住宿：陳韻如田間農舍，或北港朝天宮香客大樓（視人數調配）
費用：5至10人成團，每人1200-1500元（依實際安排內容微調）
交通：可搭乘統聯客運或日統客運到北港站，與古早田聯絡接駁；自行開車亦佳
報名：陳韻如 0963-293-462

私房景點

■黃金蝙蝠生態館

黃金蝙蝠的正式名稱為「金黃鼠耳蝠」，俗稱倒吊鈴或倒吊龍。牠的毛色呈金黃色，喜歡在屋梁或公園裡築巢，而且不怕光亮。台灣最常看見黃金蝙蝠的地方，就在雲嘉南平原。每週一休館。

■北港春生活博物館

在地的老字號木頭家具工廠，近年轉型成博物館式的觀光工廠，很適合喜愛木頭工藝品的遊客參觀。每週一休館。

■北港朝天宮、伴手禮

香火鼎盛的媽祖廟，首建於一六九四年，是北港與附近居民的信仰中心，來北港一定要親自參拜。接著可以逛逛北港老街的名產店，芝麻油、大餅、鴨肉飯、杏仁茶等等，樣樣皆送禮自用兩相宜！

■煎盤粿

北港出名的特色小吃，來到此地，早餐當然要吃一盤煎盤粿。煎盤粿不是菜頭粿，而是用在來米做的米粿。配上滷大腸、煎香腸，淋上各店家不同的醬料，再來一碗柴魚清湯作結，讓你一整天都精神飽滿！

美濃小旅行

美濃，不只是一碗粄條！美濃曾經是往六龜、寶來的中途休息站，來這裡吃碗粄條，頂多逛兩三個小時就離開，八八風災後雖沒有受到大傷，過路客卻因此變少了。其實美濃非常值得停留下來慢慢玩。

下國道十號進入美濃，左邊視線不遠處是連成屏風的美濃山系，不高的尖尖山頭，是從外地返鄉的美濃人最熟悉的風景。美濃的田，總是一路連到山腳下，日治時期修築的獅子頭圳流淌在田地間，灌溉著四季作物。農事，是美濃的大事，用來維持家族經濟，也默默牽連著生活節奏、發酵著飲食文化。

老屋、小巷、古蹟間有歷史；山澗、樹林間有生態；田地在四季中流轉著好味。下次來美濃，放開腳步上山下田吧！

行程1 作小冬小旅行

十一月到一月中，是美濃農產最豐富的季節，來一次可以吃到很多當季鮮味。

●第一天

導覽：騎腳踏車認識當季田園景觀
農事：拔白玉蘿蔔，做初步加工
晚餐：雪梅姐的農家菜
住宿：美濃的民宿

●第二天

導覽：野上野下愛吃團帶大家到美濃朝市尋覓早餐，也看美濃媽媽愛的菜色
參訪：芝麻田與南頭河麻油坊，第四代傳人吳政賢介紹麻油製作過程
午餐：美濃粄條
農事：採毛豆、玉米
伴手禮：完成第一天的白玉蘿蔔加工，成為DIY伴手禮

時間：十一月到一月中
行程：兩天一夜
人數：接受15至20人團體。可自行以中型巴士、客運等抵美濃另租腳踏車
費用：依行程規劃與人數變動，請與野上野下聯絡討論
報名：野上野下 0988-158-108 wildandfeld@gmail.com
交通：高鐵南下，從左營站，搭乘旗美國道快捷公車至美濃客運站
屏東、美濃，搭乘屏東客運 8220 屏東里港美濃線
住宿：美濃當地民宿（農家目前沒有換宿空間）

行程2 春禾小旅行

五月是美濃的稻子成熟期，金黃色的稻浪隨風層層翻滾到山邊，騎著腳踏車漫遊田間、小鎮，品嚐現碾新米的滋味。

導覽：認識當季美濃景觀
午餐：客家風味餐
手作：美濃傳統米食，客家粄
農事：曬米、碾米、篩米

時間：五月
行程：10:00-16:00
人數：接受15至20人團體。可自行以中型巴士、客運等抵美濃另租腳踏車
費用：依行程規劃與人數變動，請與野上野下聯絡討論
報名：野上野下 0988-158-108 wildandfeld@gmail.com
交通住宿：同上

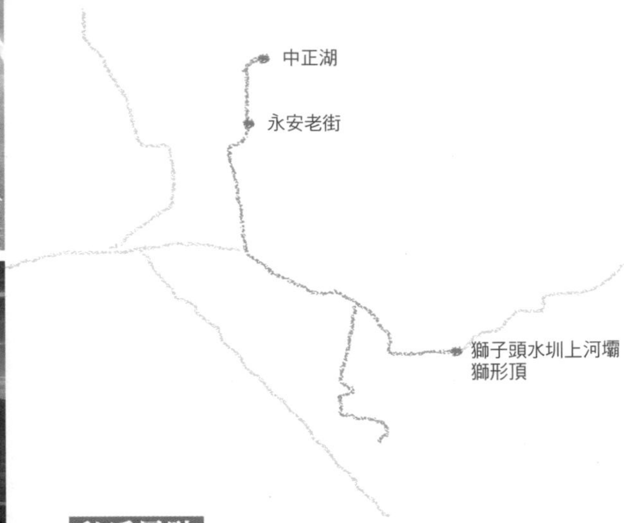

私房景點

■獅子頭水圳上河壩

獅子頭水圳是美濃的農業命脈，竹仔門發電廠引荖濃溪水發電，尾水透過大小圳溝灌溉近四千公頃農地。當地人稱上游段為上河壩，附近人家平常洗衣乘涼，夏天則是免費的戲水場。

■獅形頂

走上獅山朝天五穀宮旁的小山頂，視野開闊，可以俯瞰美濃田野相連的景色，天氣好時看著夕陽從對面龍山落下，心情也輕鬆了起來。

■中正湖

當地人稱中圳埤，除了有蓄水灌溉的實用功能，也是看風景的好地方，環湖散步可以看到不同角度的中央山脈，豐富的濕地生態吸引許多在地釣客與賞鳥人。

■永安老街

美濃繁華的第一街，現在沒有人車嘈雜的熱鬧，反而適合慢慢散步。看老屋紅磚花窗被歲月洗練的曖曖內含光，逛布店可以遇到半世紀前流行的日本布，或者在理髮老店享受傳統理髮修容的質樸安穩。

第五章

小農復耕實戰手冊

牽手彎腰，共同勞動

小農復耕實戰手冊——牽手彎腰，共同勞動

文／李威寰　陳芬瑜　蔡培慧

浩然基金會、台灣農村陣線合作之「小農復耕」計畫，透過輔導陪伴、經濟支持方式，鼓勵農友適地適種、發展在地農法和農產加工。從農出發，連結綠色消費、建立城鄉共好的未來。

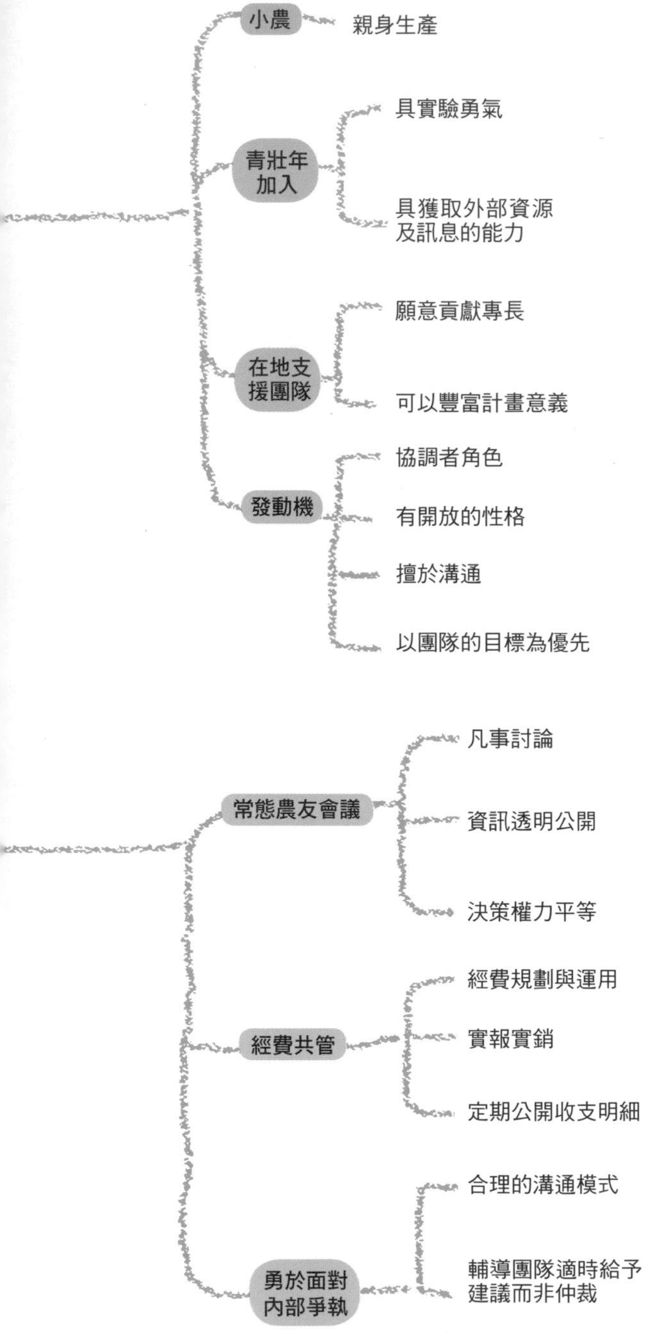

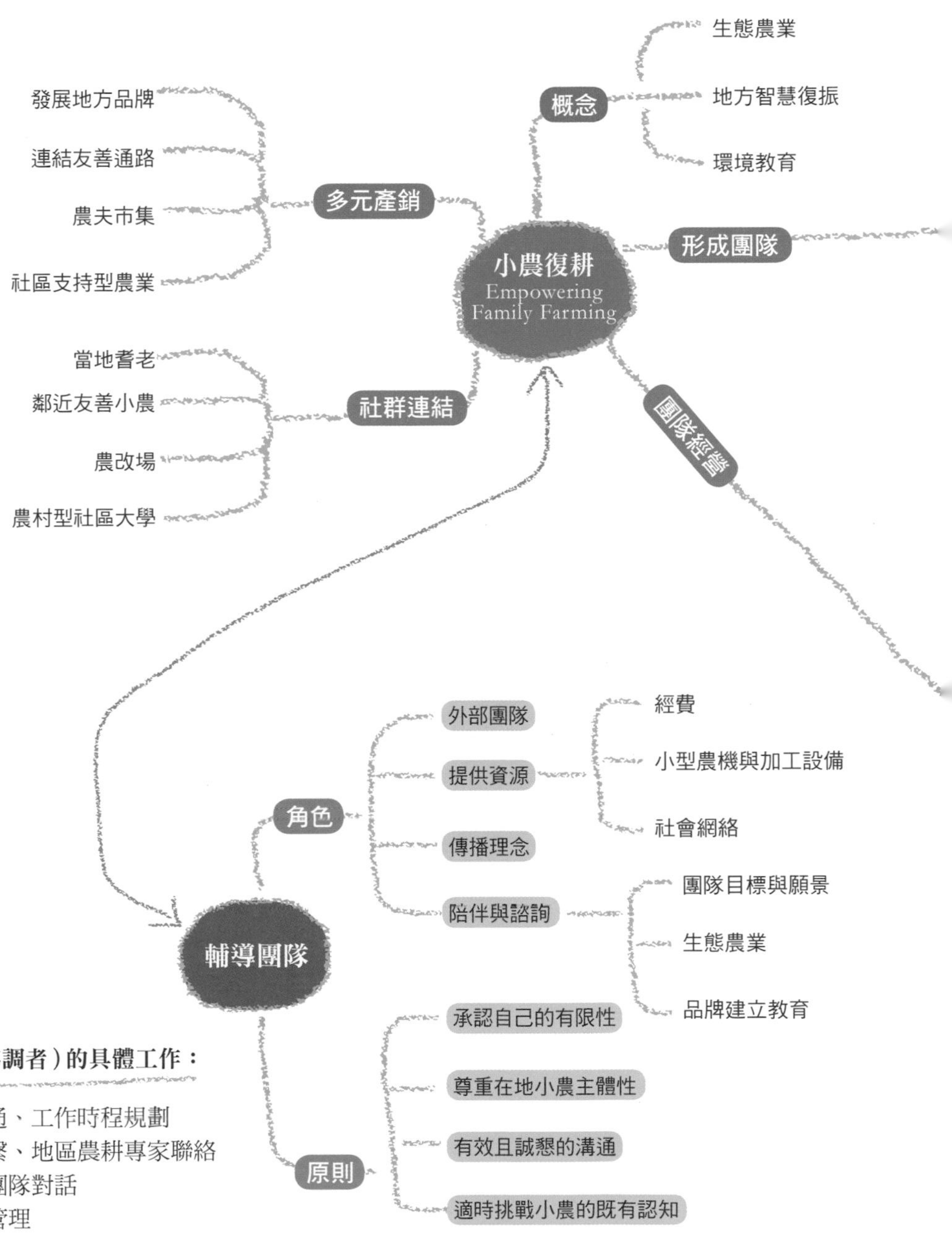

發動機（協調者）的具體工作：

- 內部溝通、工作時程規劃
- 外部聯繫、地區農耕專家聯絡
- 與輔導團隊對話
- 公基金管理
- 維持與在地組織的互動

台灣以「小農」為基礎的農業發展模式，有著島嶼精耕細作、底蘊深厚的農耕傳統與技術。數個世代以來，維繫著台灣美好的田園地景與農村生活，也是穩定社會的中堅力量。

然而，台灣的農業和農村，近年面臨嚴峻的內部、外部挑戰——食安危機、糧食自給率偏低、農地流失與零細化、農家所得偏低、從農人口流失、氣候變遷與環境資源耗竭、國際自由貿易競爭對在地農業的衝擊……「小農復耕」以積極行動、面對挑戰，守護台灣糧食安全、生態環境以及小農耕作的傳統！

Part I 如何組織在地小農團隊

Step 1 形成團隊

Q1 小農復耕，需要什麼條件？

小農復耕的關鍵是「人」，一群有心的小農及在地支援團隊，想要改變生產的方式、突破產銷的困境，就有組成本地的友善小農生產團隊的條件跟可能喔！

以小農復耕計畫目前的五個地點為例，歷坵、勤和是八八水災的受災部落，一方面基於災後重建的需求，一方面也希望藉機突破小農的產銷困境，因此開始有合作意願；雲林則是慣行農法之基地，更需小農復耕計畫的投入。高雄美濃已形成跨社群的網絡，在「農」的共同元素下，有更多元的發展可能。當然，復耕團隊對於友善耕作的理念相契，是形成團隊的第一步。剛開始的時候也許或有深淺，但在團隊運作的過程中，彼此的理念得以逐步的調和與深化。

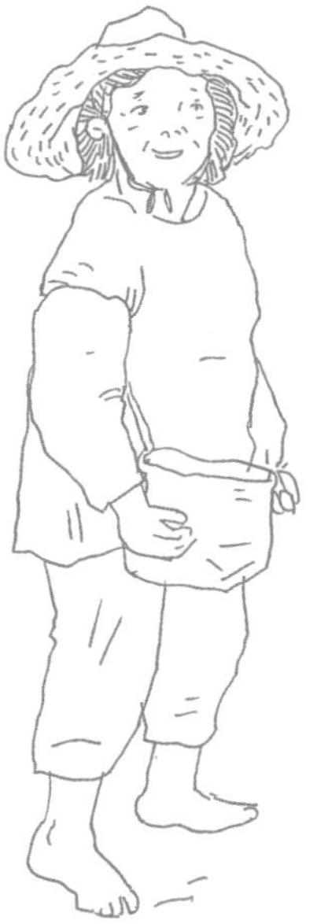

這幾個地方的共同特色在於：有青壯年投入，因為青壯年通常比長輩更有實驗的勇氣，也能掌握各方資源與訊息。因此，擁有參與農耕、開放態度的在地人，是小農復耕計畫選擇地點的首要條件。

關鍵字：

1 有產銷困境、有合作意願
2 具參與農耕、開放態度的在地人
3 青壯年投入
4 友善耕作理念契合

Q2 工作團隊的組成須有什麼條件？

工作團隊的組成，最重要的條件是：必須是親身生產的小農。我們希望工作團隊的組成目的與運作過程，都以小農的想法為依歸。

但這是指團隊的主體，至於負責協調的輔助人員，也是團隊重要的部份。所以團隊之組成，一開始仍能以廣泛召集的方式進行，只要有意願一起工作的，能夠使整個計畫更豐富、意義更多元的人，都能夠以各種形式參與。

關鍵字：

1 投入農耕的小農
2 廣泛召集支持成員

Q3「發動機」很重要，什麼人最適合擔任協調者？

擔任協調者的人，如果有開放的性格、充滿學習熱情，那當然是相當理想的人選。不過性格不是唯一的標準，重點是能在實踐過程中，主動發現自己能有的貢獻，並且擔負責任，並以小農耕作、團隊利益為最終考量。

例如勤和部落的秋芬，自從參與小農團隊的運作後，也說：以前比較容易想到自己，容易覺得自己好就好，但是現在知道團隊的重要性，會先考慮到大家的想法，總希望能「大家一起好」。

關鍵字：

1 性格開放、熱情學習

2 以團隊為最終考量

Q4 協調者的主要工作為何？

協調者的主要工作有下列幾項：

1 內部溝通、工作時程規劃

2 外部聯繫、地方農耕專家聯絡

3 與輔導團隊對話

4 公基金管理

5 維持與在地其他團體的互動

Q5 協調者在復耕計畫中的重要性何在？

協調者擔任的是小農團隊與外界的交流管道，也是團隊內部的黏著劑，可以促進團隊的凝聚力。如果缺少這台「發動機」，團隊很容易反應失調，不但不清楚自己的方向，也不容易自主運作。

關鍵字：

・交流管道與黏著劑

Step 2 團隊經營

Q6 要如何決定團體事務？

工作團隊的決策機制不是一人決定，也沒有固定形式的決策機制。重點是要不怕麻煩地溝通協調、不斷發言，持續開工作會議，直到形成大致同意的共識。

要促成這樣的共識，必須讓團隊成員都了解計畫的內容、工作的細節，充分了解之後，才有討論的空間。總而言之，資訊必須能夠透明且流動，決策權力也要盡量平等。

關鍵字：

1 持續溝通

2 資訊透明、權力平等

Q7 經費管理需要注意哪些事情？

公開透明、實報實銷當然是首要的原則。然而小農復耕計畫更重視的是小農團隊對資金的自我管理，無論是外部的資金，或是產品銷售後的利潤，都是由小農團隊自己規劃、運用。從手套到中耕機，甚至小農自己的勞動報酬，只要小農覺得有需要，輔助人員都盡量不介入或限制。這能夠促進小農對資金的謹慎態度，也能加強團隊的認同感與向心力。

關鍵字：

1 公開透明、實報實銷

2 小農管理

3 共同運用

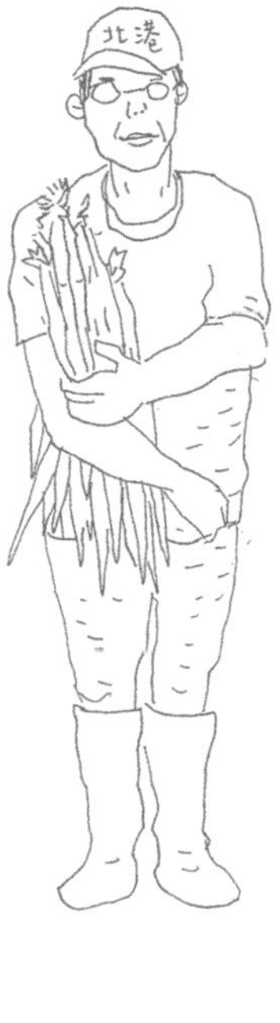

Step 3 社群連結

Q8 哪幾種社群很值得連結？

值得連結的在地社群很多，就地理位置而言，當然是越近越好，所以如果有同一村里的長輩可以請教，將是最首要的選擇。對村中長輩古早農法的探詢，在雲林古早田、歷坵部落都是很重要的工作。

還有附近有經驗的友善小農，也是很好的諮詢對象，例如雲林水賊林就與台南的農友聯繫密切，分享了許多保種、旱作的技術。

地域性的社區大學、農改場也是專業知識的補充場所，此類型機構一般都相當樂於分享，只要主動詢問，通常都可以得到不少情報。歷坵部落與台東農改場就有良好的互動經驗。

市集平台、消費連結的網絡也很重要，例如美濃野上野下文創工作室、彎腰農夫市集，便致力對於農耕價值與地方品牌的推薦與擴散。

關鍵字：
1 位置越近越好
2 有經驗的友善小農
3 農業學術機構
4 消費連結平台

Q9 如何決定與各社群的聯繫強度？

一般而言，與各社群的聯繫強度是無法預期的，總是要實際接觸後，才知道彼此有什麼經驗能互相交流。比較重要的，反而是小農與各社群後續的主動連結過程。因此組織者的工作是先把聯繫網絡開出來，再看各個小農團隊的實際需求，以決定後續主動聯繫的強度。

關鍵字：
・社群聯繫

Q10 可能遇到什麼困難？

依小農復耕計畫的經驗而言，台灣社會還是充滿分享熱情的，各地的技術單位或友善小農都很樂於分享農務經驗，所以一開始的接觸不會有太大困難。比較值得關注的是有沒有持續連結，這部份比較需要時間與心力維持。

關鍵字：
・持續連結

Step 4 多元產銷

Q11 如何發展地方品牌？

通路與品牌的經營，有助於小農團隊的凝聚與持續拓展。小農復耕團隊在耕作轉型的同時，也開始發展「地方品牌」，作為對外販售的辨識，並希望藉由地方品牌的公共性與合作經營的理念，可以減少個別農友單打獨鬥、風險自負的成本，及促進地方合作經濟的可能。然而，合作與公共化並不容易，透過逐步發展的過程，也是農友團隊持續組織、凝聚共識與願景的過程。

關鍵字：
1 地方合作品牌
2 地方經濟

Q12 拓展通路的原則、步驟？

拓展多元的產銷通路需要多方的嘗試，找到適合團隊的方式很重要。小農復耕團隊一開始並沒有現有的通路，而是輔導團隊與小農團隊根據各復耕點的特性、小農團隊的個性，及可能的外部資源，慢慢摸索各種通路的可能。

在勸和部落，第一年是以網路行銷，或在彎腰農夫市集擺攤宣傳，後來才與主婦聯盟生活消費合作社接洽，採取「支援災區重建」的方式作臨時性的銷售。第二年梅精產品，則因品質優良及品項的特殊而固定成為主婦聯盟消費合作社的上架商品。

歷坵部落因為產量較少，收成後很快就售罄，通路問題不大。為凸顯小米文化特色，嘗試以「小旅行」的方式吸引外地人進入部落，推廣在地的深度旅遊。

雲林水林農友，則除了農夫市集、網路販售外，也獲得友善小農餐廳的固定合作，並慢慢開展地區的家戶配菜，嘗試社區支持型農業的可能與方式。

總之，首先貼近在地脈絡，實體店舖、網路行銷皆多方嘗試，是小農復耕計畫目前的作法。

關鍵字：

1 在地脈絡

2 多方嘗試

Q13 如何包裝產品？

對社區型的產品來說，產品的包裝，例如禮盒結構、外觀、文案等，大多需要一步一步地進展、想像，很難一次到位，因此慢慢討論、修正的過程很重要，一開始先求有，再慢慢精緻及特色化。

包裝除了美觀之外，傳遞訊息給消費者也是很重要的。在小農復耕計畫，有些基本訊息一定要有，例如產品的安全性，或小農團隊的理念、背景故事。尤其若能精簡地傳達小農團隊的故事，這將是建立小農與消費者關係的管道：我們相信消費不只是買賣交換，互動內容應更豐富、更以人際交流為基礎。

關鍵字：
1 傳遞故事
2 人際交流

Part II 輔導團隊的備忘錄

Q14 身為外部團隊，有什麼注意事項？

首先要承認外部團隊的有限性：雖然外部團隊可能帶來資源或理念，可是不見全面契合在地需求，若一味粗疏橫向地移植外部資源或理念，很可能適得其反。因此謙虛地尊重地方脈絡是很重要的。甚至在地人員的內部爭執，雖然表面是因為計畫內容，但其實常隱含著外人難以介入的情節，此時更不能冒然調解。總之，尊重在地小農的主體性，是最重要的。

然而，適當地在產銷計畫或種植觀念上，挑戰小農的既有認知，是相當有幫助的作法，這也是外部團隊的重要價值。

關鍵字：
1 承認外部團隊的有限性
2 尊重在地小農的主體性
3 挑戰既有認知

Q15 如何凸顯在地需求，找出適合在地的工作方向？

因為每個農村的實際條件都有差異，所以就小農復耕計畫的經驗來說，總是在較為模糊的方向中探索，這建立在團隊中有效且誠懇的溝通模式上。例如勤和部落的青梅產業，以往都是生產青梅原料為主，沒有嘗試過加工品。因此團隊到過南投水里及信義鄉參訪，也與旗美社大交流，才漸漸找出製作青梅加工品的方向。

但外部成員仍以自己對台灣農業的整體想像，與小農互相激盪。例如在雲林，基於對糧食安全的角度，輔導團隊一直對甘蔗、芝麻或其他雜糧充滿期待。但是與小農充分溝通之後，因著技術與小農意願等，所以最後仍採取水旱田輪作的方式來耕種。

關鍵字：

1 有效且誠懇的溝通

2 在地需求、小農主體

Q16 如何對待團隊內部的爭議？

成員之間一定會有摩擦，但處理爭議的最好方式不是化解它，反而是協助建立起一個合理的溝通模式，讓意見能暢通交流。

例如小農復耕計畫總是希望小農能採取友善環境的農法，這對很多習慣慣行農法的小農來說，是新的課題。然而基於小農對本身農業技術的自信，面對新課題，彼此之間很容易有不協調的地方。此時面對小農之間的不同調，身為外部成員，不適合作一個仲裁者，而應作為協調者，先平復情緒，再作理性溝通。

關鍵字：

1 合理的溝通

2 積極作為協調者

Q17 如何在實踐中，調和現實需求與理念？

現實需求與理念不應該總是對立的，我們應該努力嘗試調和兩者，一面轉化在地對「需求」的刻版印象，一面調整理念與農業產銷現實經驗的距離。

例如北港的阿田一開始對無毒農法抱持較猶豫的態度，畢竟對農民來說，產量是極重要的事情。但是經過鼓勵後，他越來越主動地找尋古早農法與新式農法結合的空間，讓在地的歷史文化與自然生態也能呈現有機的生態。

Part III 「小農復耕」的終極目標

Q18 小農自主發展需要什麼條件？

「自主發展」是小農復耕計畫最重要的目標，我們希望透過各種不同情境的嘗試機會，建立幾個原則性的模式。這些模式要有相當程度的普遍性，拿到其他地方也能夠實際操作。若能建立這樣的模式，則小農復耕計畫就不會是特殊而虛幻的理想。

如果把產業比喻為水車，我們希望推動水車的是位於下方的潺潺河流。只要農村能夠像河流一樣永續自主地流動，則不管是何種形式的水車，都能夠運轉自如。而外部資源之於水車，就像接水管，即使水量很大很猛，也只是暫時性的，水管一停，水車就跟著停了。「自主發展」的圖像是非常重要的。

工作團隊要能夠自主發展，當然要有一定的經濟基礎、生產設備等等。但是資源的多寡並非自主發展的必要條件，最重要的反而是建立一個平等的決策機制。

一個平等的決策機制，意味著多數的重要決定，例如資金運用、生產計畫、銷售方式等，都須有一定的共識才能執行。平等決策機制的重要性，是讓每個團隊成員都習慣自己作決定，而非依靠某些人引導自己。如此才能真正地自主發展。

關鍵字：

1嘗試建立模式

2平等的決策機制

3成員自己作決定

Q19 小農復耕的生態農業與永續發展

小農復耕的農耕形態，向來以生態農業（Agroecology）為目標，期待小農可以依據地方智慧、傳統經驗、自然空間與環境特質，來發展出在地農法。此一農法的摸索與創造並非是外國經驗的移置或單一農民的試驗，而是期待台灣的小農可以依據我們道法自然的哲學以及前人先輩四百年來累積自然經驗，同時正視極端氣候的具體影響，創造出台灣的地方農法。換句話說，在此所指的「生態農業」並不僅僅是農產品有機健康的堅持，更是小農爬梳在地智慧與傳統經驗的台灣地方農法。

在這個基礎上，台灣小農復耕生態農業的持續與漸進推進，將可逐漸勾勒出台灣農耕永續發展的路徑，創造出道法自然，互惠循環的人與土地之路。

關鍵字：

1生態農業

2永續發展

共同作者簡介

蔡培慧

世新大學社會發展研究所助理教授
台灣農村陣線秘書長

陳芬瑜

浩然基金會小農復耕專案負責人
關心農業與環境教育

李威寰

台灣大學中文所碩士
台灣農村陣線成員

周季嬋

年輕農村文創工作者
野上野下工作室成員

周馥儀

台灣大學歷史系博士候選人
賴和文教基金會執行長

連偉志

年輕農村文創工作者
野上野下工作室成員

蘇之涵

浩然基金會小農復耕專案專員
關心農業與環境教育

鄭雅云

台灣大學中文系畢業
年輕農村工作者

蕭禕涵

清華大學人類學研究所
果力文化特約編輯、插畫創作者

小農復耕 好食材，好生態，好市集，好旅行

作　　者　浩然基金會作者群
　　　　　蔡培慧 陳芬瑜 李威寰 周季嬋 周馥儀 蘇之涵 鄭雅云 蕭禕涵
攝　　影　連偉志
封面設計　呂德芬
封面繪圖　印花樂
內頁繪圖　毛奇
行銷統籌　駱漢琦
營銷總監　盧金城
行銷企畫　林芳如
業務發行　邱紹溢
業務統籌　郭其彬
副總編輯　蔣慧仙
總 編 輯　李亞南
發 行 人　蘇拾平
出　　版　果力文化 漫遊者事業股份有限公司
　　　　　地址　台灣台北市 105 松山區復興北路 331 號 4 樓
　　　　　電話　886-2-27152022
　　　　　傳真　886-2-27152021
　　　　　讀者服務信箱 service@azothbooks.com
　　　　　果力 Facebook http://www.facebook.com/revealbooks
　　　　　漫遊者 Facebook http://www.facebook.com/azothbooks.read
　　　　　劃撥帳號　50022001
　　　　　戶名 漫遊者文化事業股份有限公司
發　　行　大雁出版基地
　　　　　地址　台灣台北市 105 松山區復興北路 333 號 11 樓之 4

初版一刷　2014 年 5 月
初版五刷　2017 年 10 月
定　　價　380 元
ISBN　978-986-89294-5-6

國家圖書館出版品預行編目 (CIP) 資料

小農復耕：好食材，好生態，好市集，好旅行 / 浩然基金會, 陳芬瑜, 蔡培慧等著
-- 初版 . -- 臺北市 : 果力文化出版 : 大雁文化發行 , 2014.05
208 面 ; 17x 23 公分
ISBN 978-986-89294-5-6(平裝)
1. 農村 2. 再生 3. 災後重建
545.5　　103005477